사장이 **직접**알려주는 영업 **마케팅**

사장이 직접 알려주는
영업 마케팅

초판 1쇄 발행 2018년 6월 1일

지은이	이남헌
발행인	권선복
편 집	오동희
디자인	서보미
전자책	천훈민
발행처	도서출판 행복에너지
출판등록	제315-2011-000035호
주 소	(07679) 서울특별시 강서구 화곡로 232
전 화	0505-613-6133
팩 스	0303-0799-1560
홈페이지	www.happybook.or.kr
이메일	ksbdata@daum.net

값 15,000원
ISBN 979-11-5602-606-8 13320

Copyright ⓒ 이남헌, 2018   E-mail. nhlee0903@gmail.com

* 이 책은 저작권법에 따라 보호받는 저작물이므로 무단전재와 무단복제를 금지하며, 이 책의 내용을 전부 또는 일부를 이용하시려면 반드시 저작권자와 〈도서출판 행복에너지〉의 서면 동의를 받아야 합니다.

의료기기 사장의 멘토링, 직장인의 **성공 습관**

사장이 직접
알려주는
영업마케팅

이남헌 지음

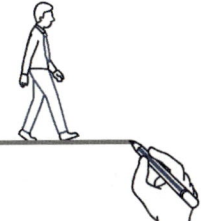

Sales Marketing

당신이 받을 수 있는 양은 당신의 크기에 달려있다

경쟁 사회에서 살아남을 수 있는
남과 다른 차별화 전략

사회 초년생
필독서

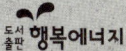

| 목차 |

1장 업무 전략

- 사회 초년생의 출근 노하우와 스마트한 퇴근 전략 8
- 일을 시작하기 전에 해야 할 일 16
- 야근 없는 직장 생활의 실천 22
- 차별화된 기획서 만들기 27
- 신제품 아이디어의 중요성 32
- 입사 후의 자기 계발의 시작 38
- 화가 나는 진짜 이유 42
- 팀원과는 다른 팀장의 구체적 역할 49
- 효과적인 회의 방식 54
- 비전을 쉽게 달성하는 방법 60
- 성공적인 해외 출장 준비 가이드 65
- 빈틈없는 창고(재고) 관리 72
- 목표를 세우는 구체적인 방법 76
- 마감을 통한 결과 예측 방법 85
- 이직과 퇴직에 대한 고민 88
- 행복한 하루하루를 위한 나의 다짐 94

2장 대인 관계 전략

상사(팀장)의 유형 102
상사(팀장)의 조건 109
임원(사장)과의 회의와 회식 113
마찰을 최소화하는 문제 해결 과정 118
사람을 통한 성장의 중요성 122
직원을 뽑을 때 고려해야 할 점 125
초급관리자(팀장)로서의 책임 130
막연한 믿음의 경계 137
예의를 갖추는 비즈니스 에티켓 142
조직의 철학과 가치의 중요성 147

3장 마케팅과 영업 전략

마케팅 팀의 역할 1 156
마케팅 팀의 역할 2 161
판매 가격의 결정 요인 166
영업의 정의 172
영업, 마케팅의 본질 179
성공하는 영업을 위한 준비 184
영업 이외 부서의 역할과 중요성 195
의약품과 다른 의료 기기 영업의 특징 200
창업의 경험 206
효과적인 클레임 처리법 215
의료 기관을 대상으로 한 MR의 올바른 태도 221

- Self Test 225
- 에필로그 231
- 출간후기 237

1장

사장이 직접 알려주는 영업 마케팅

업무 전략

사회 초년생의 출근 노하우와 스마트한 퇴근 전략

  서바이벌 해야 하는 한국 내 경직된 직장 생활에서 별 특성 없는 나를 남과 차별화하기 위해 나는 성실을 택했다. 그 첫 번째가 출근 시간이었다.

  남들보다 빠르게 진급하고 연봉도 좀 더 받았던 기억으로 말하고자 하는데 유럽이나 미국이 아닌 국내의 경직된 구조에서 말하는 것임을 미리 알려드린다.

  출근은 8시 이전이면 어떨까? 보통 9시가 정시 출근이라면 1시간 일찍 나와야 한다. 물론 나이가 들면, 그리고 직위가 올라가면 그보다 늦춰지지만, 영업을 하고 마케팅 분야에 있다면 1시간 일찍 나오는 것이 좋다. 물론 나와서 업무 외의 다른 일을 한다고 해도 상관없다. 개인적인 일을 하든, 그냥 커피를 마시든 무엇을 어떻게 할지는 본인에게 달렸다.

 출근을 일찍 해버리면 좋은 점이 많다. 차가 안 막힐 것이고, 다소 여유 있게 출근이 가능하고, 특히 지각은 1년에 한 번도 일어나지 않을 것이다. 지각을 하는 이유는 항상 머릿속에 '9시가 출근 시간이야' 하는 생각이 박혀 있기 때문이다. 내 머릿속의 출근 시간은 항상 1시간 전이었다. 신입 사원과 실무 영업을 할 때는 7시 30분이 출근시간이라면 나는 대부분 7시에 출근했다.

 사람들이 왜 그렇게까지 하냐고 물어본다면, 사실 좋은 점이 훨씬 많기 때문이다. 특히 임원분들은 늦게 출근할 것 같지만 그들도 사장님께 보고해야 하고 할 일이 많아서 부지런하지 않을 수 없다. 아침 일찍 사장실에 들어가지 못하는 사람들은 애당초 그 자리에 오르지도 못하는 것 같았다.

그렇게 일찍 나오다 보면 나 역시 자연스레 임원쯤 되는 높은 분들과 자주 마주치게 되고, 그분들 머릿속에 '일을 잘하는지 못하는지는 모르지만 저 사람은 성실해' 하고 각인된다. 그리고 나도 그렇게 평가된 것 같다. 실제로 부지런한 사람이 일도 잘하기 마련인데, 생체 리듬상 출근, 기상 시간을 못 맞추는 직원들을 꽤 봐 왔지만…. 이유는 결국 한 가지였다. 늦게 자기 때문이다. 그러면 늦게 자는 이유가 영업과 자기 일에 대한 고민 때문일까? 그렇게 볼 수는 없었다. 더욱이 아직 회사에 입사한 기간이 짧다면 무슨 일이든 열심히 해야 하는 시기이다. 신입이나 대리급 이하가, 허겁지겁 출근하는 것은 보기에도 안 좋다. 출근하자마자 담배 피우고, 커피 한 잔 하고 나면 10시에 근무를 시작한다는 것인데, 그러면 사실 경쟁에서 이길 수 없지 않겠는가? 미리 1시간 전에 출근해서 상사에게 준비된 보고를 하는 것이 선제공격이 된다. 동네 싸움에서도 먼저 공격하는

쪽이 승산이 있다. 상사에게 준비된 상황이나 보고를 하겠다고 재촉하면 후배, 신입이라도 윗사람에게 이길 승산이 있지 않겠는가?

상사는 사실 하급자의 세세한 일까지 생각하기에는 상당히 바쁘기 때문에 내가 하고 있는 일이 가장 중요하다고 먼저 어필하면 그 일이 가장 먼저 처리될 것이다. 아침 시간 상사를 괴롭히는 일을 항상 출근 시간 전에 정리해 놓도록 하자.

설렁설렁 돌아다니면서 다른 부서와도 얘기하고, 커피 마시고, 간혹 일이 많으면 주말에도 일하고…. 이렇게 돌아다니는 사람이 보일 것이다. 그 사람들이 전부 시간을 허투루 쓰는 것이 아니다. 현재 자기가 진행하고 있는 일 중에 안 되는 일들을 다른 부서와 조율하고 있는 것일 수 있다.

낭비하는 시간을 줄이고 항상 오후 4~5시까지는 모든 일을 마무리한다 생각하고 데드라인을 잡아 업무에 집중해야 한다. 그러면 점점 퇴근 시간이 빨라진다. 매일 아침은 주어진 목표와 업무에 조준점을 잡는 시간이다. 멋진 집을 짓기 위해서는 준비를 먼저 해야 한다. 마찬가지로 매일

아침 1시간은 '앞으로 어떻게 뛰어갈지, 어떤 순서가 있는지'를 생각하는 시간이다. 이른 아침의 여유가 하루에 대한 구조와 이미지를 만들고 집중력을 길러준다.

회사를 위해 일하는 사람, 회사에 맞추는 사람이 되지 말고, 나를 가다듬고 나의 믿음과 목표를 다잡는 것을 아침에 시작해 보자. 근무 시간에 끌려가지 말고 주인의식을 갖고 관리하려는 생각을 갖자. 주변에서 왜 그렇게 회사에 충성하느냐, 그렇게 살지 말라고 얘기해도 일단 3개월만 이렇게 해보라. 그 후엔 오히려 그렇게 하지 않으면 더 불편할 것이다.

퇴근? 사실 퇴근은 누구에게나 즐거운 시간이다. 나조차도 요즘은 6시면 그냥 퇴근해 버린다. 사장이 좋은 이유 중 하나가 시간을 매니지먼트 할 수 있다는 것이고, 또한 직원들도 사장이 빨리 들어가는 것을 좋아하니 말이다. 하지만 어떤 프로젝트, 간단한 일이라도 끝을 내야 퇴근하는 것이다. 이것을 습관화해야 한다. 정시에 일을 끝내기 위해서는 어떻게 해야 할 것 같은가? 담배 피우는 시간, 잡담하는 시간, 집중몰입하는 시간에 대한 본인의 철학과 엄격한 기준이 있어야 한다. 특히 약간의 팁이라고 한다면, 급하지 않은 요청이나 잡무는 몰아서 하고, 업무 중에는 긴급하진 않지만 중요한 일을 우선적으로 해야 일에 치이지 않는다. 참고로 프랭클린 플래너 다이어리로 관리하거나 시간 관리와 관련된 책을 읽어볼 것을 추천한다.

일을 완전히 끝내고 퇴근하는 습관이 중요하다. 뭉그적거리다가는 매번 일이 쌓인다. 칼 같은 습관을 지켜야 하고 그러다 보면 6개월~1년 동안 나름대로 노하우가 쌓여서 퇴근시간을 조절할 수 있게 된다. 업무를 완벽히 파악하고 끝내다 보면 절로 퇴근시간을 맞추게 되는 것이다.

이 얘기가 어려워 보일 수도 있겠지만 정시퇴근을 생각하면서 하루를 시작하면 곧 적응이 되고, 긴장도 있게 업무에 몰입할 수 있게 된다.

일찍이 공자는 이렇게 말했다.

일생의 계획은 젊은 시절에 달려 있고,
일 년의 계획은 봄에 있고,
하루의 계획은 아침에 달려 있다.
젊어서 배우지 않으면 늙어서 아는 것이 없고,

봄에 밭을 갈지 않으면 가을에 바랄 것이 없으며,
아침에 일어나지 않으면 아무 한 일이 없게 된다.

이처럼 아침을 그 자체로 신성하게 여길 필요가 있다. 우리가 만약 일으켜지지 않는 몸을 억지로 일으켜 세우고 화장실로 터벅터벅 걸어가 힘들게 세수를 한 다음 쫓기는 마음으로 출근한다면 그날은 어떤 날이 될까? 적어도 오전 시간은 힘에 부쳐서, 잠에 취해서 제 힘을 발휘하지 못하고 버티기에 급급한 힘든 날이 될 것이다. 이런 사람은 달력에서 빨간 날을 찾으며 '버티는 날'과 '노는 날'로 인생이 나뉘는 삶을 산다.

일을 시작하기 전에 해야 할 일

맡은 바 목적을 알고 있는가? 목표가 무엇인가? 이 일을 왜 할까 하는 질문에 대답은 준비되어 있는가?

직원 한 명이 있다. 좋은 대학을 나온 어린 친구다. 사실 그 친구의 선배들이나 고참들이 좋았으면 하는 바람이었지만, 어찌됐든 이 직원은 그다지 좋은 상사는 만나지 못했다. 내가 책을 쓰는 이유도 이처럼 좋은 멘토와 자신의 고민을 들어주는 선배가 없는 상황에서 책으로라도 답답한 마음을 없앨 수 있는 출구가 있다면 좋지 않을까 생각하고 착수하게 된 것이다. 한번은, 이 직원의 상사가 바뀌는 동안 일을 몇 번 시키고 받아보는 기회를 가졌다. 그런데 이 친구는 팀장의 수족이 되었는지 그저 시키는 일만 하는 것이었다. '시키는 일을 하지, 그럼 어떻게 하라는 거냐?'라고 반문할 수도 있을 것이다. 그러나 일을 하는 목적과 취지, 그리고 목표가 무엇이고 왜 이 일을 하는지에 대한 물음 없이 일을 시작하는 게 과연 가능할까?

일을 시작하기 전에는,

- 이 일의 목표가 무엇인가?
- 왜 이 일을 시작해야 하는가?
- 이 일을 잘하기 위해 갖추어야 할 역량과 지식은 무엇인가?
- 이 일을 가장 잘하고 있는 주변 사람은 누구인가?
- 이 일을 하면서 추가적으로 봐야 하는 정보와 업무가 있는가?
- 성과는 어떻게 평가 받고 진행해야 하는가?

등을 우선 생각해야 한다. 이것을 문서로 작성하면 그것을 '기획서'라고 부른다.

예를 들어 '3개월간 품목별 매출 추이를 보고해 주세요.' 이렇게 업무가 주어지면 일단 위의 1~6번에 맞추어 정리하고 계획하는 시간을 우선 갖는다. 집을 짓기 위한 청사진을 그리는 시간인 것이다.

대부분의 직장인들은 출근해서 자연스럽게 메일을 열고 게시판을 확인하고, 결재하는 습관적인 행동으로 하루를 시작한다. 그런 후 회의에서 나온 일, 요청 받은 일을 처리한다. 본인이 이유를 느끼지도 못하고 무의식적으로 따라가는 하루의 루트가 있다. 이렇게 평범하게 아무렇지도 않게 하루를 시작한다면 목적을 잃고 헤매는 것과 다름없다. 물론 중요한 이메일이 있을 수 있으나, 회사의 목표, 조직의 목표, 팀의 목표, 그리고 개인의 목표와 동떨어진, 중요하지도 않고 시급하지도 않은 일에 매달리지 않기 위해서는 우선 자신의 일의 목적과 취지를 생각하고 돌아보면서 아침을 시작하는 습관이 필요하다.

누구에게나 똑같은 아침이 밝는다. 하지만 귀하고 값지게 사용하는 것에는 차이가 있다. 아침은 모든 일을 시작하는 시간이고, 그 시작은 어떤 것보다 중요하다. 처음에 방향이 틀어지게 되면 다시 돌아오는 데 2~3배의 시간과 비용이 들어가게 된다. '어떻게 하다 보면 결과가 나오지 않겠어?'라는 막연한 생각으로 덤비면 안 된다. 테니스도 첫 서브가, 골프에서도 드라이버가, 야구에서도 1번 타자가 중요하듯, 첫 시작의 마음가짐과 계획이 중요하다.

직장 시절 초반에는 일요일 저녁에 1~2시간 정도를 할애해 다음 주 할 일과 이번 주에 마치지 못한 일을 정리해 보자. 저번 주 주말에 정리한 이번 주 플랜을 살펴서 했던 것과 안 했던 것, 미루었던 것, 성과로 연결된 것 등을 분류한다. 만약 몇 주가 지나도 계속 제자리의 일이라면 과감히 일을 없애거나 남에게 위임해야 한다. 중요하다면 바로 처리했을 것이다.

아침 일찍 출근해서 아래의 내용대로 리마인드 remind 하면서 스스로 집중 근무 시간을 가져야 한다.

- 이번 주 계획의 진행 사항 확인하기
- 오늘 해야 할 일의 목표, 기한, 성과 확인하기
- 상사나 회사가 원하는 목표가 정확히 무엇인지 확인하기

집중 근무 시간을 살려 반복되거나 루틴한 일인 이메일과 전화는 몰아서 처리한다. 사소하거나 반복되는 일은 매번 확인하는 것이 아니라 하루에 4~5차례만 확인하여 몰입해야 할 업무에 방해되는 시간을 최대한 줄인다.

아침에는 일찍 와서 정리하는 시간을 가지자. 컴퓨터를 바로 켜기보다는 분기, 월, 주간 계획서를 보면서 하루 전체, 이번 주 전체, 이번 달 전체, 이번 년도 전체의 계획을 보며 전체의 구도를 확인하는 시간을 갖는다. '왜 이 일을 할까?' 하고 고민하고 스스로 질문하는 것, 이러한 자기 스스로에 대한 질문을 통해 사고가 멈추지 않도록 해야 한다. 머리가 굳어 버리는 습관이 들면 고치기가 너무나 어렵다.

이렇듯 고성과자와 저성과자의 중요한 차이는, '일을 준비하는 시간'에서 온다. 집을 어떻게 지을까 고민하는 시간이 많은 사람이 집을 잘 짓게 되는 것과 같은 원리다. 그냥 무작정 집을 짓다 보면 시간도 많이 걸리고 일도 지루하고 목표도 잡기 힘들다. 나는 항상 직원들에게 혼자 앉아서 1시간 정도 이번 년도, 이번 분기, 이번 달, 이번 주, 오늘 해야 할 일을 매일매일 챙기는 시간을 스스로 가져 보라고 한다. 열심히 한다고 성과가 나오는 것이 아니다. 이른 출근 후에 항상 위의 항목을 살피고, 되는 것은 빠르게 성과로 만들고, 미진한 것과 시간이 걸리는 것은 상사와 타 부서에 이관을 요청한다. 허겁지겁 일하는 사람, 매일 바쁜 척하는 사람, 매일 컴퓨터 앞에서 인상 찌푸리는 사람이 일을 잘할 것이라고 생각한다면 오산이다. 나는 컴퓨터 앞에 많이 앉아 있으면서 일 잘하는 사람 못 봤다.

좋은 작업 습관

1. 지금 당장 해야 하는 일과 관계없는 모든 서류를 책상에서 치워라.
2. 중요도 순서대로 일하라.
3. 문제가 생겼을 때, 결정을 내리는 데 필요한 사실을 알고 있다면 그 자리에서 즉시 문제를 해결하라. 결정을 미루지 말라.
4. 조직하고, 위임하고, 관리하는 법을 익혀라.

데일 카네기의 『자기관리론』에 나오는 글귀이다. 간단한 방법을 통해 업무 효율을 높여 보자.

야근 없는
직장 생활의 실천

 야근을 밥 먹듯이 하는 것…. 마치 직장생활의 필수로 여겨지는 것….

 왜 야근을 해야 하는 것일까? 과연 야근을 하면 업무의 완성도가 높아지는 것일까? 집중할 수 있는 시간은 실제적으로 짧다. 얼마나 사람이 집중을 못 하면 집중 근무 시간을 만들어서까지 일하지 않나?
 예전에 태평양제약과 대웅제약에 있을 때의 일이다. 그때는 누가 시킨 게 아니라 나 스스로 정리가 안 되어, 밤을 새워야 할 일을 마칠 수 있어서 스스로 야근을 했었다. 근데 이게 재미있다. 새벽같이 골프를 치러 가자면 지각 없이 재깍재깍 4명이 잘도 모이는데 평일에 아침 5시까지 나오라고 하면 아마 아무도 나오지 않을 것이다. 노는 것은

돈을 써도 즐거운데, 일하는 것은 돈을 받아도 기쁘지 않으니 아이러니하지 않은가? 물론 골프보다 훨씬 골치 아픈 것이 일이긴 하다.

중요한 일과 급한 일을 먼저 해야 한다. 특히 급하고 중요한 일을 우선순위대로 처리해야 한다. 당연히 1~3년 차에는 이 일이 힘들 수 있다. 왜냐면 위에서 시키는 일이 중요한 일인지 불필요한 일인지 괜한 일인지 혹은 삽질인지 가늠할 수 없기 때문이다. 그러나 지내다 보면 알 수 있는 것이 사람이다. 즉 업무를 시키는 방식이 사람마다 다르기 때문에 스스로 빠르게 상사들의 업무 시키는 방법을 분류

해내고, 이에 따라 어떻게 해야 할지 결정하다 보면 차츰차츰 정리해 나갈 수 있다. 이렇게 하지 않으면 성과도 나지 않고, 집중해야 할 일도 구별해 내기 어렵다.

우리는 막연하게 열심히 공부하면 잘될 것이라는 생각을 갖는다. 그러나 골프도 임팩트에 힘을 주고, 권투도 잽을 날릴 때 힘을 주고, 테니스의 발리도 공을 칠 때 바로 그 타이밍에 힘을 준다. 모든 것을 열심히 하는 것, 방향은 없고 힘만 쓰는 것은 바로 길치의 행동이다. 계속 힘을 쓰는데 딴판으로 가고 있으니 야근 시간만 길어지는 것 아닌가. 전략을 궁리하는 게 시간 낭비라고 생각해서는 안 된다. 즉 스티븐 코비[1]가 얘기한 '끝을 생각하고 시작하라'를 따르면서 일의 끝을 상상하고, 과녁을 조준하는 시간을 아끼지 말자.

'끝을 생각하는 일'은 어떤 것일까. 예를 들어, 신제품을 출시해야 할 때 판매가 원활하게 이루어지는 구상을 하는 것이다. 신제품의 특징과 가격을 정하고 영업 전략, 마케

---

[1] 세계적인 베스트셀러 『성공하는 사람들의 7가지 습관』의 저자이자 경영학자이다.

팅 전략을 세운다. 시장 분석은 기본이다. 이러한 구상에 80% 힘을 쏟다. 즉, Table에서 일을 정리하고 그다음 그 플랜을 가지고 행동에 20%를 옮기는 것이다.

가끔, 계속 직원들이 그만두어 새로 뽑기를 반복하는 부서가 있다. 예전에 우리 회사에서 재고 업무파트가 그랬다. 직원들이 힘들다 하고, 어렵다 하고, 또 그 일을 하는 직원들은 계속 그만둔다. 결과적으로는 야근을 하는데도 일이 쌓이고 줄어들지 않는다.

일이 줄어들지 않는다는 것은 무엇을 의미하는 것일까? 사람의 손이 일하고 있는 것이다. 즉 시스템화가 안 된 것이다. 만약 삼성이 핸드폰을 손으로 고치고 만든다면 누가 그 과정을 믿겠는가? 모든 것의 종착지는 결국 시스템이다. 엑셀은 시스템이 아니며, 워드로 일하는 것은 더욱 업무에 혼란을 야기한다. 우리는 작은 회사였지만 ERP를 도입했고, 바코드와 재고 관리 프로그램을 운영했다. 반복되는 업무의 시스템화를 도입한 지 5개월이 지난 후 직원들의 실수를 1퍼센트 미만으로 줄이게 되었고, 당연히 우리는 정시 퇴근의 기쁨을 가졌다.

결국 시스템 부족이 야근을 야기한다. 업무에서 중복되고 반복되는 것은 시스템으로 해결해야지 이런 업무 혁신 없이 반복되고 고단한 일로 야근이 있으면 안 된다. 사장과 윗사람은 움직이지 않는 시스템이 있는지 봐야 한다. 문제가 해결되고 시스템이 정상화될 때에도 단기간으로 일이 많아질 수 있다. 실타래를 푸는 동안 일이 계속 밀리게 되는 것이다. 이때는 문제를 해결하기 위해 일정기간 아르바이트나 단기채용으로 기존직원들의 업무 부담을 낮춰주는것이 필요하다.

야근…. 일 많이 한다고 성과가 나는 것은 아니다. 그러나 양질전환의 법칙[2]이라는 말처럼, 어떤 일의 성과가 나기 위해서는 양이 어느 정도 돼야 질로 변환되어 나오는 법이다. 일정 시간 운동을 해야 근육이 생기는 것과 유사하니 너무 부정적으로 바라보지는 말고 야근을 하는 중에 해결 방법을 계속 고민해보길 바란다.

---

2 물이 끓을 때 100도가 넘어야 기체로 변하는 것처럼. 일정 규모 이상의 양적인 팽창이 있어야 질적인 변화가 일어난다는 법칙

차별화된 기획서 만들기

 회사에서 하는 일은 대부분 보고와 기획 절차를 거친다. 물론 충분한 시간이 주어지면 좋겠지만, 갑작스럽게 자신의 업무를 100% 이해하지도 못한 상황에서 기획과 보고라는 것이 떨어지는 경험을 하게 될 것이다.

 이러한 상황에서 신입 사원은 당연히 대처 능력이 떨어질 것이고, 이노베이션Innovation한 것에 집중하여 결과를 만들어내는 것보다 그저 '시키는 일만 열심히 할게요'라고 생각하는 사람이 많을 것이다. 우리는 사실 문제 해결에 대한 고민의 방법을 공부한 것보다는 남들이 만들어 놓은 프레임을 모방하도록 습관화되었기 때문이다.

 우선 생각 자체를 이렇게 하자. '내가 만든 보고서, 기획서는 남을 감동시키기 위한 일이다. 내가 하는 일이 남과 차별화를 가지지 못한다면, 기획서가 될 수 없다.' 이렇게 생각해보자! 윗사람이 시킨 일이 아니라, 이것은 나에게 성공으로 향하는 '티켓Ticket' 혹은 '기회Opportunity'를 갖는 일이라고.

우리가 누군가의 눈에 띄는 것은 기회를 잡는 것이다. 눈에 띄지 않고 어떻게 나를 어필할 수 있겠는가? 성공은 기회가 와야 잡는데 직장생활에서 이러한 기회는 우연히 그리고 갑자기 찾아오게 된다. 운동선수도 경기를 뛰어야 실력을 인정받는다. 그런데 이런 기회를 기회라고 생각하지 않고 일이라고 생각한다면, 마지못해 만든 기획서와 보고서는 누가 보더라도 부족하다고 느낄 수밖에 없는 것이다.

일단 생각을 바꿔보자! 보고서, 기획서는 남들과 달라야 하고, 그 다름이 내가 아닌 남을 감동시킬 수 있어야 한다.

다음의 내용을 포함해보자.

- 목적과 취지
- 목표
- 실행 방법
- 소요 예산
- 남들은 어떻게 하고 있나?
- 우리가 이것을 해야 하는 이유는?
- 고객들이 우리의 전략에 'Yes'라고 답해야 하는 이유는?
- 내부의 직원, 자원을 이 프로젝트에 투입해야 하는 논리적 근거는?
- 적임자, 실행 인력은 누구인가?

위의 내용들을 위주로 정리하자. 매우 간단하다. 그리고 마지막으로 이렇게 정리된 내용을 전문가 집단이라고 생각할 수 있는 분들께 자문하자. 자문을 한다는 것은, 나의 상사, 동료, 그리고 고객들에게 '이렇게 준비된 내용$^{기획서\ 등}$을 어떻게 생각하는지' 의견을 묻는 것이다. 이때 질문에 대한 객관적인 대답을 받고 싶다면, 나와 친분이 있는$^{30\%}$, 그저 그런 관계의$^{30\%}$, 나와 관계가 서먹하거나 친하지 않은 사람$^{30\%}$의 답을 통틀어 들어보면 되겠다.

상사와 사장은 보고를 받을 때 다른 사람들이 이 보고서에 대해 어떻게 반응했는지를 궁금해할 것이다. 소비자들의 의견을 들어 보는 것이 중요한 만큼 이를 궁금해하지 않을 수가 없다. 그러니 그런 것들을 상사나 윗사람에게 이야기해주자. 이때 기획안의 장단점들을 설명하며 '왜 이렇게 진행해야 하는지'의 이유를 구체적으로, 논리적으로 얘기하면 된다.

처음에는 이러한 과정이 매우 어색할 수 있다. 그러나 1년, 2년 꾸준히 상사와 사장을 어떻게 기쁘게 할지 생각하고 실행을 하다 보면 어느새 나도 그 사람들과 가까운 위치에 가 있게 된다.

보고서와 기획서는 어려운 것이 아니다. 이 세상의 70억 인구 중에서 나보다 똑똑한 사람이 상위 10%면 7억 명이 있을 것이고, 그중에 10%는 나와 비슷한 고민을 해 봤을 것이다. 즉, 내가 새로운 기획을 하는 것이 아니다. 나는 남들이 기획하고 계획해 놓은 것을 리서치하고 내 나름의 방법으로 조립하고 조합하는 것이다. 즉 기획과 보고는 사실 내가 만든 것이라기보다는 남이 한 것을 모방하는 행위이다. 기획서를 스트레스로 보지 않고 성공의 '기회Opportunity'로 보는 사람, 기획서를 먹잇감으로 보는 사람이 회사에서 필요한 게 아닐까?

신제품 아이디어의 중요성

 우리가 새로운 아이디어를 얻는 방법? 천재나 마케팅 관점에서가 아닌 그냥 작은 중소기업을 하는 사람들, 특히 연구자 출신이 아닌 그냥 영업이나 마케팅을 하는 사람이 아이디어를 얻는 방법은 무엇일까?

 아이디어가 있으면 누구나 다 성공하는 것일까? 또한 그런 아이디어가 과연 내 것이 되는 것일까? 아이디어가 있더라도 그 아이디어를 생산할 공장과 연구소가 있어야 하고, 이 공장에서 생산된 시제품이 있어야 하고, 이 시제품에 대해 몇 번이고 시장조사를 해야 하고, 그것을 사용할 사용자의 의견을 듣고, 그 후 몇 번 시제품을 만든다 해도 의료 기기, 의약품의 경우엔 안전에 관련한 인증도 받아야 판매할 수가 있다. 돈은 계속 들어가고, 양산되는 제품의 문제는 계속 나타난다. 제품이 만들어진 이후에도 생명력을 유지하기 위해 마케팅 비용과 영업 비용, 업그레이드 비용이 또다시 들어간다. 또한 공장은 제품이 만들어지든 안 만들어지든 항상 들어가는 고정비용이 있다. 자전거가 멈추면 넘어지듯이, 일단 제품이 생산되면 그냥 계속 전진하는 수밖에 방법이 없다. 또한 잘 만든 제품이라 할지라도 특허 침해, 경쟁사의 출현 등으로 수시로 시장을 뺏기기도 한다. 사실 총만 들지 않았지, 전쟁터에 있는 것이다.

특히 의료 기기 시장은 안전에 관련해서 등급이 나눠져 있어, 1등급 의료 기기를 제조, 생산하는 회사와 4등급 의료 기기를 제조, 생산하는 회사의 규모와 역량은 그 차이가 몇 급수나 된다고 생각하면 된다.

이런 상황에서 매출 성장은 무엇으로 이루어지는가? 성공적인 결과를 만들기 위해서는 제품 혁신을 통한 신제품이 필요하다. 신제품이 없으면 매출은 정체를 벗어나기 힘들다. 물론 시장 확대를 통해, 적응증^{편집자 주: 어떠한 약제나 수술 따위에 의하여 치료 효과가 기대되는 병이나 증상. Main Indication}의 확대를 통해서도 가능하지만, 회사의 운명을 좌우하는 것은 결국 '신제품'이다.

신세계나 아마존같이 유통을 기반으로 하는 회사와는 다르게 제조를 기반으로 하는 회사는 회사의 운명을 좌지우지할 정도로 새로운 제품에 목말라 있다. 그렇다고 신제품이 출시되어도 생각한 그대로 흘러가는 법도 없다. 발명자는 혼자 신나서 만든 제품, 밤 새워 만든 제품에 만족하며 성취감을 가지겠지만 실제 시장에 나와서 아무 반응도 못 주고 사라지는 것이 다반사이고 사장되는 제품이 한둘이 아닌 게 현실이다. 그렇다면 아이디어는 어떻게 만들어 내야 할까? 우리나라에서 돈 벌었던 사람들은 대체 돈을 어떻게 벌었을까? 갑자기 자다가 일어나서 아이디어가 샘솟았을까? 아니다. 1등 제품을 보면서 그것을 모방하고 카피했었다. 카피가 아이디어다.

모든 사람들이 새로운 아이디어를 생각하면서 현실에 살고 있지는 않다. 값싸게 만들지만 효과는 더 좋게 하여 제품을 만드는 것, 이게 가장 쉽고 빠른 길이다. 이렇게 해서 우리나라 의료 기기 시장이 만들어졌다고 해도 과언이 아니다. 실제 한국 제품은 '리즈너블 프라이스 Reasonable price'[3],

---
3 적정가격

'밸류어블 프라이스Valuable price'[4]라고만 하지, 명품이라고 하지 않는 이유가 그것이다. 그래서 한편으로는 장차 걱정이 앞서기도 하지만, 어쨌든 우리는 이렇게 여기까지 왔다.

처음은 일단 이렇게 남을 따라 하면서 시작된다. 그다음 단계는 의료 기기 환경하에서 우리가 속해 있는 분야에 직접 뛰어들어서 발견해 가면 된다. 외국에 나가 보면 많은 의사들이 사장을 겸직하고 있다. 왜일까? 자신이 진료하면서 불편했던 것들을 개선하기 위해 직접 의료 환경에 필요한 제품을 만들기 때문에 그렇다. 이런 필요에 의한 발 빠른 움직임과 아이디어로 제품이 만들어진 것을 많이 보았다. 현재 한스바이오메드도 국내의 의료 시장에서 아직 국산화하지 못한 의료 기기, 의약품을 발견하고, 이에 고객의사의 불편 사항을 반영한 아이디어로 제품을 만드는 것에 집중하고 있다.

새로운 아이디어는 고객이 일하고 있는 '수술실'과 '연구실' 내에 있다. 기존에 사용하는 제품에서 불편한 점을 찾

---

4 가성비를 고려하였을 때 좋은 가격

는 것이 작은 아이디어의 시작이며, 이는 때론 놀라운 결과를 만들어 낸다.

즉, 처음엔 카피에 불과했지만, 이런 식으로 점차 1등 제품과의 차별화, 향후에는 오히려 고급화를 해버리는 것이다. 기능이 추가되거나, 효과를 더 좋게 하거나, 시간을 줄이거나, 고객군을 다르게 하는 등, 이 중 한 개 이상이 성공하였다면 차별화가 된 것이 아닐까?

세상에 언제나 새로운 것은 없고, 늘 생각한 대로 갈 수도 없다. 그러나 열정을 가지고 걷다 보면 기회가 온다. 새로운 것에 대한 생각을 끊임없이 화두로 가지고 있으면 아이디어가 쏙 나온다. '한샘'이나 '존슨앤존슨' 같은 큰 회사의 마케터들이 시장 조사를 할 때, 그냥 주방에 있는 가정주부의 일상을 3일 정도 본다고 한다. 계속 관찰하다 보면 그 주방에서 아이디어가 나온다고 한다. 실제 우리 고객의 수술실에서 수술 시 불편한 것들을 잘 발견할 수 있다면 수많은 아이디어가 나올 것이다.

전옥표의 『이기는 습관』에는 이런 말이 나온다.

"잘하는 사람을 무작정 따라 하는 것도 탁월한 전략이다. 쑥스러워 할 필요가 없다. 최고의 상대를 찾아 벤치마킹하라."

따라 하는 기술을 가지자. 누구든 상관없고 어떤 분야건 최고라면 그것을 향한 진전은 성공에 대한 힌트가 될 것이다.

업계의 루키, 나와 스타트라인이 가까운 사람과 이미 유명하고, 명성이 높은 대가가 있다면 당신이 생각하는 최고의 상대는 누구인가? 그들을 따라잡아 목표를 향해 정주행正走行 하자. 이것이 곧 성공의 습관이다.

입사 후의
자기 계발의 시작

  대학에서 많은 이들은 자기 계발의 명목으로 영어나 자격증 같은 것들을 준비하면서 스펙을 쌓아왔을 것이다.

  직장 내에서도 물론이지만 어떻게 자기 자신을 계발하고 업그레이드할까? 그게 '책 읽기'가 되면 어떨까 조심스럽게 제안한다. 쉽게 생각해서 머리에 무엇인가를 In-put해야 Out-put이 되지 않겠는가? 당연히 그것의 기본이 독서를 통한 자기계발이다. 인류가 만들어낸 가장 위대한 것 중 하나가 책이지 않을까? 그냥 온라인에서 보는 가십거리 기사들과 달리, 돈, 성공, 행복, 건강 등 우리가 가지는 인생의 수많은 의문들, 그리고 인류가 똑같이 고민한 내용이 고스란히 책에 있다.

나는 내가 읽었던 쇼펜하우어[5], 니체[6], 스티븐 코비, 법륜 스님[7] 등 지혜로운 분들의 말씀을 열심히 따라 해봤다. 그들을 따라가다 보니 나도 어느새 비슷한 사고와 행동을 체득할 수 있게 되었다. 책을 읽다 보면 성공한 사람들의 유년 시절, 그리고 성공의 시기 또는 역경의 시간과 마주치게 된다. 그들의 성장 과정과 고민들을 함께해 보면, 나 또한 그것에서 교훈을 얻게 되는 것을 느낄 수 있다.

직장 생활에 있어 업무 관련 자격증과 언어, 컴퓨터^{엑셀, 파워포인트 등}, 제2외국어, 디자인 등의 능력이 갖춰진다면 업무 수행에 더 좋을 것이다. 남들보다 나은 기술을 가지고 있는 것은 남들과 차별화되는 중요한 가치이다. 나는 중소기업청이나 노동부에서 진행하는 보수 교육 등을 토요일, 일요일 오전에 수년간 꼭 들었었다. 주말 오전에 늦잠 자고 1시~2시에 일어날 바에야 분기에 1개 이상 꼭 이런 보수교육을 듣는 것이 신선함으로 다가왔고, 또한 회사에서 가르쳐 주기 힘든 것을 알아 가고 강의 후 이수증을 모아가

---

5 독일의 철학자. 교단에 서지 않고 주로 민간 문필가로서 지냈다.
6 생(生)철학의 대표자로 실존주의의 선구자
7 한국의 승려이자, 사회 운동가. 즉문즉설 강연으로 유명하다.

는 재미도 쏠쏠했다.

 시간이 무한해 보이지만 사실 시간은 우리에게 오랫동안 기회를 주지 않는다. 자식을 낳아보고, 길러보면 옛 어른이 하는 말이 귓가에 울릴 때가 있는데 그중 하나가 결혼이나 공부는 다 시기가 있다는 말이다. 취업이 최종 목표가 아니듯 입사는 이제 사회생활의 처음 시작일 뿐이다. 운동선수가 쉬는 시간에도 운동을 취미로 여기고 꾸준히 하는 것처럼, 일을 취미로, 생활 안으로 깊숙이 끌어들이자. 그렇게 하다 보면 스스로 갈구하고 채워나가는 자신을 발견하게 될 것이다.

- 내가 가진 역량은?
- 내가 가지지 못한 역량은?
- 고성과자는 어떻게 업무에 접근하는지?
- 내가 앞으로 더 잘하기 위해서 필요한 것은?

 먼저 현재 자기가 어떤 일, 목표, 과업에서 부족함을 느끼는 것을 시작으로 하자.
 위와 같은 것을 생각해야 되며 책을 읽으며 이전에 살았던 위인 혹은 동시대 사람들의 사례를 자기와 빗대어 보면서 네 번째 질문의 대답을 찾아보자.

이제 우리는 평생 공부하는 시기에 살고 있다. 러닝메이트를 찾아보자. 동기도 좋다. 선배도 좋다. 꼭 가까이에서 찾을 필요는 없다. 때로 뛸 때 옆에 누군가가 있으면 뛰기 쉬워진다. 도서관을 찾는 이유도 자신을 더 엄격하게 만들기 위해 러닝메이트를 찾으러 가는 공간이기 때문이다. 자기 개발에 열중하는 동료나 주변 사람에게 고무를 받고 나 스스로 더 열심히 해야겠다는 마음을 얻는 것이 중요하다.

학습하고 책 읽는 능력도 진짜 능력이다. 공부도 계속 하던 사람이 하는 것이지 머리가 한 번 굳으면 다시 풀리는 게 쉽지 않다. 책 읽기와 공부를 습관으로 만드는 길이 직장 내에서 나를 업그레이드하는 길이지 않을까?

화가 나는
진짜 이유

 살다 보면, 일을 하다 보면 화가 나고 짜증도 난다. 그렇다면 화가 나고 짜증이 나는 이유가 무엇일까? 좋아하는 일만 하다 보면 그런 일은 없어질까? 이는 그 화라는 것과 짜증이라는 것의 근본적인 이유를 알아야 해결할 수 있다.

 일단 화가 나는 이유는 일이 잘 안 되어서일 수도 있고, 사람 때문일 수도 있으나, 잘 보면 대부분 사람에 의해 화가 난다. 내가 원하는 것이나 가고자 하는 방향이 서로 다른 것 때문이다. 바지라메디[8]의 저서 『아프지 않은 마음이 어디 있으랴』에서 나오는 말이 있다.
 "화는 당신이 평생 쌓아 올린 미덕으로부터 당신을 아래로 끌

---

8 40여 권의 저서를 출간한 베스트셀러 작가이자 태국의 달라이라마로 불리는 승려.

어내리는 원인이다. 몸의 종기 같은 화를 계속 키우고 있다면 당신에게 이렇게 묻고 싶다. '당신보다 더 어리석은 사람이 있는가?'"

물론 내가 부처나 예수는 아니지만, 화가 나는 이유에 대해서는 몇 가지 알고 있다.

첫째, 내가 너무 많이 바라는 것일 수 있다. 욕심이다. 상대방은 나에게 무엇인가를 줄 역량도 능력도 마음도 없을 수 있다. 밖에서 보는 것과 실제는 다르기 때문에, 나는 영업적으로 친해졌다고 생각했으나, 상대방은 마음을 열어놓지 않은 상태일 수도 있다. 내가 갑자기 에베레스트를 올라갈 수 있는 것이 아니듯, 성과를 얻기 위해선 사전 준비와 작업이 필요하다. 산을 오르기 전에 운동도 하고, 신발도 사고, 지형도 살피고, 등산가들에게 조언도 듣고, 예행연습이 필요한데, 그런 것 없이 목표만 바라니 성과가 나지 않는 것이다.

둘째. 성급함이다. 내 마음은 이미 콩밭에 가서 벌써부터 이것저것 다 해결해 놓아야 직성이 풀릴 것 같은데, 그게

뜻대로 잘 안 되면 화가 난다. 내게는 이럴 때 상기하는 좌우명이 있는데, 바로 '나는 포기하지 않는다'이다. 내가 잘해서, 열심히 해서, 전략이 좋아서 성공하는 게 아니라, 나는 남들이 포기할 때까지 포기하지 않기 때문에 된다는 생각을 한다. 절박할 필요는 없다. 어려운 거래처, 어려운 문제는 일단 조바심을 내려놓고 본다. 사실 어떤 거래든 여유가 있는 사람과 여유가 없는 사람이 거래를 하면 무조건 여유 있는 사람이 이긴다. 성급함은 내가 가진 감정이다. 이 감정을 없애고, 느긋하게 해야 한다. 여기서 오해하지 말아야 할 것은 '느긋하게'란 뜻이 천천히 하라는 얘기가 아니라, 포기하지 않고 끝까지 간다는 생각이라는 것이다.

 "초조함은 죄다. 불행한 사람은 시간에 의해서도 고통받는 법이다. 초조함은 문제를 정면으로 응시하지 못하게 한다. 초조한 자는 문제의 진행을 충분히 지켜볼 수 없기에 어떤 대체물을 문제의 해결책으로 간주하려고 한다."

고병권의 『철학자와 하녀』에 나오는 글귀다.

여유를 갖지 못하고 조바심 낸다면 미숙한 사람으로 보일 것이다. 그리고 준비든 능력이든, 부족한 사람이라는 인상을 줄 것이다.

조바심을 가지는 사람은 당장 답이나 문제의 해결을 보기 위해 조금만 깊이 들어가도 정답이 될 수 없는 일차적인 것을 움켜쥔다.

그렇다면 여유를 갖기 위해서는 어떻게 해야 할까? 문제를 전체적으로 바라보는 능력을 길러야 한다. 전체적인 진행과 내 행동의 결과, 즉 향후 진행까지 파악하자. 성공의 이미지와 달콤한 과실을 상상하자. 이런 상상력에서 우리는 의미와 여유를 가질 수 있다. 일희일비하지 않고 장기적인 안목으로 끝을 보고 계획적인 과실의 성장을 탐하는 것, 계획적으로 욕심을 갖는 것이 성공습관이다.

셋째, 사람은 속여도 숫자는 속이지 않는다.

"내가 얼마나 노력했는데…."라고 종종 말한다. 항상 상사와 부하는 이 부분에서 이견이 있다. 열심히 했다는 것은 늘 논란의 여지를 갖는다. 사람이 다툴 때는 대부분 주관적인 것으로 싸우기 때문에 해결이 어려운 것이다. 일을 할 때는 일단 '숫자'를 가지고 얘기하고, 그 숫자를 기반으로 의사 소통을 해야 한다.

'일을 시작해서 내가 얻는 성과는 무엇이지? 성과 중에 정량적인 것과 정성적인 것은 무엇이지? 예를 들어 영업이라고 한다면 신규 거래처 확보와 기존 거래처 증대는 어떻게 되었지? 회사의 일부 제품만을 판매하고 있는 것은 아닌지? 자신이 가지고 있는 거래처의 총 Capa에 대해 점유율을 늘리고 있는지? 매출과 이익과 시장점유율Market share 총 3가지가 고르게 지속 성장하고 있는 것인지?' 등등 객관적으로 자기 스스로를 봐야 한다. 생각보다 영업은 매우 과학적이고 논리적인 분야이다. 그냥 옆 사람보다 열심히 했다고 생각하면 망하는 지름길이다. 6일 놀고 하루 진짜 빡세게 일한 사람은 자기 착각에 빠진다. 매일 자신이 그렇게 산다고 생각하면서 말이다.

서두르는 마음이 계속해서 드는 것은 무엇을 할지 몰라

서 드는 갑갑함이 스트레스와 긴장 속으로 자신을 몰아넣기 때문이다. 성과는 내야 하는데 진전은 없고 매듭을 풀 실마리는 보이지 않는 상황인가? 그렇다면 그 조건에서 다시 시작해야 한다. 아무 문제가 없기만을 바라고 단순히 이 위기가 지나가기만을 바란다면 문제가 해결되지 않는 게 당연지사다. 일사천리의 해결을 바라지 말고 문제에 반응하고 달라진 조건에 대응하라는 얘기다. 누군가가 떠먹여 주는 해답은 없다. 단순히 명성이나 평판으로, 지금까지 쌓아둔 신뢰나 실적으로 영업하는 사람이 있을 것 같아도 그 사람은 몇 년 후에 없을 사람이다.

항상 움직이고 반응하고 문제와 싸우는 치열한 사람이 모두가 바라보는 그 반열에 서게 된다. 계획을 수립한 후 곧장 행동으로 옮기는 실행력을 갖추자. 이 문제가 자신을 그저 지나가기만을 바라는 사람, 문제를 바라보지 못하고 신기루를 보는 사람, '원래 잘되던 것이 왜 속 썩이는 거야?' 하고 화가 나는 사람, 이런 사람들에게 부주의, 성급함, 부족한 적극성 등을 공통적으로 찾을 수 있다. 모두 게으름의 소지가 있다고 할 수 있는 것이다.

『자기관리론』에서 데일 카네기가 한 말을 통해 이 장을 마무리하자.

〈걱정의 90%를 날릴 수 있는 법〉

1. 내가 걱정하고 있는 것을 정확히 적는다.
2. 그것에 대해 내가 할 수 있는 것을 적는다.
3. 어떻게 할지 결정한다.
4. 결정을 즉각적으로 실행에 옮긴다.

'비참하게 되는 비결은 자신이 행복한지 행복하지 않은지 고민할 여유를 가지는 것이다. 절대 행복한지 확인하려고 애쓰지 말라. 팔 걷어붙이고 부지런히 움직여라, 바쁘게 움직여라. 걱정하는 사람이 절망의 늪에 빠지지 않으려면 행동에 몰두해야 한다.'

팀원과는 다른 팀장의 구체적 역할

팀원은 회사의 목표보다는 개인의 목표가 중요하다. 하지만 팀장의 목표는 개개인의 목표의 합을 팀의 합계로 만들어 내는 사람이다.

팀원은 회사를 욕할 수 있어도 팀장소장은 그럴 수 없다. 남들이 아버지를 욕한다고 내가 내 아버지를 욕할 수 있겠는가? 서로의 불평, 불만으로 결속력을 쌓는 것은 가장 해서는 안 되는 리더십 방식이다. 사실 많은 수의 팀장들은 리더십을 어떻게 발휘할지 몰라 이런 식으로 회사의 부정적인 면을 이야기하면서 연대를 맺으려고 한다. 리더십에서 가장 하수의 경우이다. 하수라기보다는 있어서는 안 되는 리더십이다. 이런 리더십은 긍정적인 것보다 자극적이고 부정적인 분위기를 쉽게 형성한다. 서로서로 내 생각이 틀리지 않았다고 소신 아닌 소신을 가지게 되어 결국 아무도 죄책감을 느끼지 못하게 되고, 서서히 불협화음이 생겨 회사의 정책과 방향도 곧 흐트러지게 된다. 그래서 이것을 방조하는 팀장의 책임은 매우 크다. 직원들이 부정적인 생각을 가지고 있어도 이를 고치고 해결하는 것이 팀장인데 이를 방조해서야 되겠는가? 그래서 특히 팀장을 배치시킬 때 무엇보다도 그 사람의 인성을 보는 것이고, 인성이 좋지 않고 능력만 있는 팀장에게는 어떤 경우라도 팀장의 자리를 주어서는 안 되는 것이다.

팀장은 회사의 지시 사항을 단순히 전달하는 사람이 아니라, 직원들 눈높이에 맞게 목표 내용을 정리하고 또 정리해서 설명하고 팀의 방향과 회사의 방향이 직원들의 개인적 목표에도 녹아 들어갈 수 있도록 해주는 사려 깊은 사람이 되어야 한다. 따라서 논리와 설득력이 부족하고 개개인의 사리사욕이 강한 팀장은 실격이다.

팀장은 업무 관련 배경지식Backdata을 빠짐없이 준비하여 이를 이해 및 공감시키고, 또 그것을 통해 성과를 내도록 도와줘야 한다.

예를 들어, 신입 직원들에게 아직 우리 회사와 거래가 없는 신규처를 확보하는 미션을 주려 한다면, 왜 우리 팀이 현재 신규처 확보에 힘을 써야 하는지를 우선 설명해야 한다. 아래 사항을 정리하고 팀 회의를 진행하자.

- 신규처와 매출 확대의 상관관계
- 신규처를 통한 매출 확대 사례(다른 팀, 조직 사례)
- 담당 팀원과 다른 신규처 중심으로 일한 팀원과의 비교표
- 장기적 차원에서 신규처가 필요한 이유
- 지금 도전 가능한 신규거래처 리스트업

이전에 얘기했듯이 이 일을 '해야 하는' 이유, 목적과 취지에 대해서 충분히 논의해야 한다. 관리팀에서 자료를 받아 본인^{팀장}도 읽어보지 않고 그냥 직원들에게 이메일로 보내면 안 된다. 자료 받아서 다시 토스하는 게 팀장의 일이겠는가? 시간을 내고 수고스러운 작업을 직접 해야 한다. 자료를 정리해 팀원들에게 실제로 보여주고, 공감시키고, 스스로 느끼게 하도록 해주는 것, 이러한 액티비티^{Activity}가 팀장의 역할이다.

팀장의 이러한 노력과 준비 없이 직원들에게 보고만 들

으려 한다면 끝이 없는 토론만 남을 뿐이다.

팀장은 매일, 매주, 월, 분기, 년에 그간의 데이터^{Data}에

> 고객별 매출 추이 / 이탈 고객 추이 / 품목별 매출 추이 /
> 신규처 증가 추이 / 수금 이상처 추이 / 론칭된 신제품 매출 추이 /
> VIP처 관리 상황 등

기초하는 자료를 만들고 확인해야 하는 의무를 지닌다.

팀장, 특히 초급관리자_{자신 밑에 1~7명 정도 직원이 있는}는 사원, 주임 대리급 등과 함께 일하는 경험을 쌓은 후에야 중급관리자_{팀을 2~5개 맡는}를 맡아야 한다. 직원들을 관리해 본 적이 없으면 팀, 부서도 관리할 수가 없다. 조직에서 온갖 사람들을 겪으며 경험을 얻어야 한다. 어렸을 때 대학교에서는 본인이 싫어하는 사람은 그냥 안 보면 그만이지만, 회사는 급여를 받으면서 다니는 곳이고, 당연히 본인이 원하는 것만 할 수 있는 공간이 아니다.

팀장이 팀원들과 충분한 시간을 보내지 않고 진급하면, 아무리 일을 잘하던 신입 팀장들도 본인의 자리와 회사 내

에서의 역할이 버겁게 여겨지는 순간이 온다. 당연히 주변과 아래 직원들 사이에서 불화가 나타날 것이다. 팀장은 밑에 있는 직원들이 한 사람 한 사람 일한 성과로 목표를 달성한다는 사실을 잊어선 안 된다. 사람을 키우고 성장시키는 일은 언뜻 더디게 느껴질 수 있으나, 결국 사람이 모인 조직이 승리하게 되어 있다.

위에 써내려 간 것처럼 팀장의 가장 중요한 역할 중 첫 번째는 업무를 정확히 알고 지시하여 직원들이 전략에 따라 움직여 예측된 결과를 만들어내도록 도와주는 조력자가 되는 것이다. 그 다음은 도덕적으로 깨끗한 자금 집행, 공평 공정한 룰의 적용, 직원에게 존경받을 수 있는 인품이다. 모든 것이 어렵지만 아래 직원들과 함께 어려움을 겪고 이를 통해 실적을 함께 쌓아가다 보면 정말로 일의 보람과 희열을 느낄 수 있을 것이다. 이렇게 차근차근 성공과 실패의 경험을 쌓으면 중간관리자를 지나, 사업부장이나 임원의 자리로 가게 된다.

효과적인
회의 방식

 회사에서 우리는 수많은 회의를 접한다. 회의는 잘 진행하면 의견을 수렴하고 정말 하고 싶은 말들을 하면서 서로 이해하고 목표를 향해 함께 갈 수 있음을 느끼는 장이 될 수 있다. 물론 상사가 아랫사람들에게 화풀이를 할 뿐인 힘 빠지고 어려운 회의가 있기도 하다. 회의는 항상 그런 딜레마 속에 있으며, 가끔 어떤 회사는 회의가 없어져야 회사가 산다고까지 말하는 경우도 있다. 그만큼 회의는 득과 실이 많은 것이다.
 회의는 기본이 지켜져야 그 결실을 얻을 수 있다. 여러 번 회의를 해 본 결과, 긍정적인 결과를 내기 위한 회의의 조건이 있었다.

 우선 회의에서 가장 중요한 것은, 이 회의를 하는 이유,

즉 목적과 취지가 무엇인지를 명확히 하는 것이다. 회의를 시작하기 일주일 전, 하루 전, 그리고 3시간 전에는 반드시 참가자 모두가 회의를 하는 목적과 취지를 충분히 이해하고 공감하고 있어야 한다.

이런 목적과 취지가 공감된 이후에는, 다음 부분을 체크한다.

- 정기적으로 열리는 회의인지? 예고 없이 열리는 회의인지?
- 참석자들은 누구이며, 모두 이 회의에 참석해야 하는 이유를 알고 있는지?
- 적합한 사람들이 참석하며, 발언하는 시간이 각각 정해져 있는지?
- 발표 자료는 누가 준비하고, 설명하는 사람은 누구인지 정해져 있는지?
- 회의는 2시간을 넘기면 집중력이 흐트러지니, 시간 안배는 어떻게 할 것인지?
- 토의를 중간중간에 할 것인지? 끝나고 할 것인지?
- 회의의 주제와 발표내용은 Review하고 왔는지? 그리고 Review한 사람은 누구로 정해졌는지?
- 지난번 회의 때 나온 문제점과 해결점에 대한 정리는 이미 되어 있는지?
- 위의 내용이 정리되었다면 위에서 정리된 것과 안 된 것은? 어떻게 진행되고 있는지?
- 회의가 끝나고 회의 내용과 할 일이 구체적으로 정해지고 이는 해당자에게 전달되었는지?
- 같이 co-work 해야 하는 일이면 일의 책임은 어떻게 나누는지?
- 다음번 회의 전에 중간 확인은 누가 할 것인지?

2~3달은 힘들지만 하다 보면 목적과 취지 성립과 더불어 효율적인 회의가 가능하다. 간혹 멀리서 온 연구소와 공장 분들 등 외부의 초대 참가자도 있기 때문에 실망을 주지 않으려면 준비에 소홀함이 없어야 한다.

  회의는 정기적으로 열리는 게 좋다. 월 초, 분기 초에 회의 날짜를 미리 정해놓으면, 미리미리 다른 약속을 피할 수 있기 때문이다. 특히 회의를 주재하는 사람에게 전체를 보면서 위의 12가지 내용이 정리되었는지 파악이 가능한 시간이 넉넉히 주어진다.

  이런 일을 아랫사람^{사원}에게만 맡기면 일이 꼬일 수도 있으니 팀장급 혹은 대리급 이상에서 진행하면서 사원에게는 조금씩 알려주며 일을 진행해야 한다.

  참석하는 인원들은 자신이 여기 와야 하는 이유를 명확히 알아야 하고, 만약 적합한 사람이 아닐 경우에는 추가로 인원을 늘리거나 혹은 참가하는 사람 자체를 변경하여야 한다. 실무자 선에서 할 회의와 의사결정자들이 만나서 해야 할 일이 각기 서로 다르기 때문이다.

  만약 회의의 성격이 경영 철학과 회사의 방향을 설명하

는 것이라면, 임원들이 차, 부장급을 데리고 들어와서 같이 경영 회의에 참석하는 것도 좋다. 나 또한 예전에 이러한 임원 회의 때 참석하면서 많은 공부를 했었다. 생각이 임원이 되어야 실제 임원이 되는 것이지 열심히 일한다고 그냥 임원이 되지 않는다. 내가 사장이라고 생각해야 사장이 되는 것처럼 말이다.

특히 회의를 시작하기 전에는 그 이전에 회의했던 내용이 얼마나 진척이 되었고, 어떤 어려움을 가지고 있는지 먼저 토의하는 것이 우선이다.

회의는 누구나 지루한 것이라고 생각하기에, 회의가 끝나고 담배를 피우고 식사하러 가자고 하면서 회의 내용은 까맣게 잊고 그다음 날 아무 생각 없이 일하는 사람이 열에 여덟은 된다. 그러니 반드시 회의했던 내용을 챙겨서 회의록에 정확히 주인과 기한을 명시하여 중간체크를 하고, 다음 회의를 시작하기 전에 그 분야의 일이 어떻게 진행되었는지를 점검하여 회의가 살아 움직이도록 하는 사람이 필요하다.

회의는 더 나은 결과와 집단 지성으로 가는 기본 과정이다. 생각이 모이면 더 큰 결과가 나와야 하는데 그 반대이면 곤란하다.

또한 회의는 신입직원, 능력이 뛰어난 떠오르는 직원들에게는 기회의 장이다. 본인의 생각과 열정을 마음껏 뽐내는 곳이 되어야 한다.

회의는 고역이 아니라 내가 하고 싶은 일과 팀의 목표를 공유하고, 이를 도와줄 우군들을 모아 도움과 협조를 얻어내는 과정이 되어야 한다.

또, 자신의 문제와 실수를 자신 있게 얘기할 수 있어야 한다. 계속 안 되는 일을 껴안고 있으면 폭탄이 된다. 회사에는 비슷한 실수를 한 사람이 꽤 많아서 보기보다 실패 경험을 가지고 있는 선배들, 동료들이 도움을 줄 수 있다. 그러나 시간이 늦춰져서 실제로 문제가 폭탄이 되어 버리면, 도와주고 싶어도 도와줄 수가 없다.

회의는 자신의 모든 것을 보여줘야 한다. 알고 보면 그게 빨리 성공하는 지름길이다. 사람들은 잘한 것만 보여주고, 잘 못 한 것은 감춘다. 그래도 어차피 나중에 다 알게 된다. 모든 것을 오픈하는 사람이 더 신뢰받는 법이다.

회의에 당당하게 들어가서 내 의견을 얘기하고 나와 다른 사람들에게 배워 보자. 사실 핵심은 문제를 해결하는 것이지, 나의 알량한 자존심이 아니다.

1장 | 업무 전략

비전을 쉽게 달성하는 방법

비전이란 무엇일까? 우리는 종종 '이 회사는 비전이 없지 않아?'와 같이 비전이란 말을 많이 듣는다.

비전은 현재의 시점이 아니라 미래의 시점을 얘기한다. 예를 들어 3억짜리 집을 사고 싶은데 2억을 모은 사람은 이 집에 대해 비전을 가지고 있다고 말할 수 있지만, 빚만 있는 사람은 그런 것을 가질 수조차 없을 것이다. 이처럼 미래는 당연히 현재의 위치와 상황의 가늠자를 통해 볼 수밖에 없다. 오래 일해도 매년 급여가 똑같거나, 진급도 없이 계속 사원이라면 당사자에게는 비전이 잘 보이지 않는 것과 같다.

그렇다면, 직장에 들어간 사회 초년생, 그리고 영업이나 마케팅에 종사하는 나와 비슷한 일을 시작한 이들에게 비전은 무엇일까? 회사의 비전 말고, 개개인이 가지는 비전은 무엇인가?

크게 3가지이다. 진급, 연봉 인상, 그리고 성과에 따른 인센티브다. 물론 중요한 정성적 가치인, 상급자 혹은 사장에게 직접 듣는 업무에 대한 칭찬도 큰 비전이 된다.

일 자체에서 느끼는 만족, 팀원들과의 좋은 유대관계도 역시 상당히 중요한 정성적인 부분이 될 것이다.

회사는 연말에 승진 결과표를, 인센티브를 준다. 조직은 고성과자를 진급시키고, 높은 연봉과 인센티브를 주며, 평범한 직원들에게는 비전모델로 제시한다.

이 고성과자는 좋은 모델이고 본보기이다. 그러나 이들도 단번에 이런 고성과자가 되진 않았을 것이다. 이들도 최소 3년 내외의 시간이 필요하다. 사실 무슨 일이든 일을 배우는 데는 시간이 필요하다. 신입 사원은 비전이라는 것보다 '어떻게 일을 더 잘할까? 왜 나는 이렇게 실수가 많을까?' 하는 생각으로 밤을 새우는 시기다. 기획하고 세운 전략도 빈틈이 많아 스스로에게 과연 내가 이 직업에 적합한가 질문하는 시기, 이른바 영유아기의 단계를 겪어야 되는 시기인 것이다. 절에서도 스님들이 염불 하나 외기 전에 밥 짓기를 3~4년 한다고 하지 않는가?

이러한 시기를 통과하면서 어떻게 성과를 내야 진급을 하고, 연봉이 오르며, 인센티브를 받는지 알아보자.

일단 회사 내부에서 성공한 선배, 팀장 같은 비전 모델을 찾아보자. 그것이 임원의 위치든, 해외법인장의 위치든 우선 회사 내에 있는 게 매우 중요하다. 특히 처음에는 그래야 한다.

최종 목표는 이 비전 모델을 넘어서는 것이다. 성공한 비전 모델을 따라 성공 방정식의 방법을 배우면 된다.

나도 창업을 해봤고, 회사를 만들어 봐서 안다. 지금 하는 모든 것이 나에게 도움이 된다. 사실 내가 창업을 꿈꾼 것은 그만두기 3개월 전이지, 사실 그전에는 생각조차 안 했다. 대웅제약에서 사원, 주임으로 출발해, 미용성형 계열사 디엔컴퍼니의 사업부장, 본부장 직급을 유지하는 시간 동안 내게는 회사가 나의 전부였다. 만약 내가 10여 년의 직장생활 동안 외부에서 일할 다른 비전을 가지고 있었다면 아마 1년도 채우지 못했을 것이다. 그러나 회사가 나고, 내가 진짜 회사의 주인인 것처럼 일하니, 많은 경험이 축적되어 내공이 쌓였고 결국 3개월이라는 짧은 시간 안에 나의 회사를 창업할 수 있었던 것이다.

입사한 순간부터 그만둘 때까지는 외부에서 비전을 찾지 말자. 우선 여기 있는 곳에서 1등이 되어보자. 하고 있는 일이 즐거운 일이라면 너무 좋고. 혹은 즐거운 일에서 내가 잘하는 일의 적성을 발견했으면 더더욱 좋고, 그에 더해 나의 성과를 인정하는 사람이 있고, 보수까지 괜찮다면 승부를 봐야 한다. 최소 3년은 하고, 아니 5년은 하고, 아니 10년은 미쳐보자! 그런 사람은 무슨 일을 해도 한다. 그 이후에 판단해도 늦지 않다. 무엇인가에 미쳐본 사람만이 그 나름대로의 성공 경험이 쌓이고, 비전이 보이지, 가만히 아무것도 안 하는 사람에게는 비전이 보이지 않는다.

시간이 지나면, 이제 다른 곳에서 벤치마킹 할 필요 없이 나만의 비전을 갖출 수 있게 된다. 스스로 비전 모델을 설정하는 과정을 통해 그만큼 스스로에게 적합한 비전을 만들 수 있게 되는 것이다.

나는 이전 직장에서 나 스스로에게 항상 상위 10%여야 승진, 급여, 인센티브를 받는 기회가 주어진다고 생각했고, 이런 생활을 2~3년 하면서 이제는 습관처럼 노력을 안 하고 일하는 게 더욱 어려워졌다. 내가 매일매일 비전을 생각하고, 10% 안에 들기 위해 노력하는 것을 습관으로 하니 조금씩 목표를 넘어서게 되었고, 그에 따라 또 다른 비전을 만들어 어떻게 내 것으로 할지 매일 생각하게 되었다. 비전 모델을 만들고 그들과 경쟁하면, 나는 어느새 그들을 뛰어넘게 된다.

성공적인 해외 출장 준비 가이드

한스바이오메드㈜의 해외 영업 총괄을 맡고 있기 때문에 필연적으로 출장은 생활이 되었다. 예전에는 비행기만 보면 설레고 해외를 마음대로 다닐 수 있어 좋다고 생각했는데, 요즘은 가족과 떨어져 있는 게 쉽지만은 않다. 그러나 1년에 근 80회가 넘게 국내외 관련 학회가 열리고, 미국, 중국에서 열리는 군소 학회를 제외하고도 법인장 회의와 계약 건 등으로 출장이 많기 때문에 해외 출장은 업무의 주요한 일부분이 되었다.

신입 사원에게 출장은 로망이며, 즐거움이지만 이때 일과 준비 사항이 많다. 체크해보자.

우선 비행기 티켓은 회사의 여행사, 혹은 관리 부서에 부탁하거나 직접 '스카이스캐너' 등을 이용해서 티켓팅을 한다. 보통 저렴한 비행기 티켓을 구해도 좋지만, 항상 이용하는 항공사 1~2개를 정해놓으면 혜택이 쌓여서, 가방이나 짐을 부칠 때 무료로 1~2개 추가되는 덕을 볼 수 있다. 그리고 반드시 교환이 가능한 티켓을 구매한다. 스케줄은 늘 변동이 있을 수 있으니 절대로 싸다고 표를 막 끊으면 안 된다. 특히 2~3개월 전 티켓팅이 가장 저렴하므로 학회나 출장 계획을 미리 세워야 낭비가 없다.

비행기 안에서의 시간은 준비 시간이다. 비즈니스 클래스를 탈 때는 상관없지만, 이코노미 클래스를 탈 때는 반드시 상사가 바로 뒷자리의 옆자리에 앉는다. 즉 상사가 만약 32D면, 신입직원은 31C 나 31E를 티켓팅 한다. 그래야 중간 중간 서로 계속 소통이 가능해진다. 옆에 있으면 불편하고, 바로 앞에 있으면 얘기가 불가능하기 때문에 복도를 기준으로 바로 양 옆에 사선으로 앉는다.

호텔은 항상 깨끗하고, 거래처 혹은 학회장과 가까운 데 있어야 한다. 그래야 건강 유지가 쉽고, 여독을 풀 수 있으며 지치지 않고 계약이나 행사를 진행하기에 좋다. 인터넷과 식사는 항상 원활하여 스트레스를 받지 않고 몸을 최적의 상태로 만드는 곳이어야 한다.

아침 식사 시간에는 웬만하면 영어로 된 그 나라 신문을 보도록 한다. 미팅이나 계약 전에 사람들과 아이스 브레이킹^{Ice breaking: 분위기 누그러뜨리기}을 하기 좋은 주제들이 많다.

특히 미팅을 할 땐, 웬만하면 한국에서 선물을 사 가는 게 좋다. 일단 감사함의 표현이고 미팅의 분위기가 좋아진다. 차 혹은 홍삼 등을 준비하는 것은 어떨까?

옷은 반드시 넥타이를 매고, 비즈니스 양복, 혹은 상황에 따라 비즈니스 캐주얼로 입도록 한다. 만약 갈라 디너나 특별한 만찬이 있으면 드레스 코드를 따로 알려주는지도 확인해 보면 좋다. 특히 여직원의 경우 국가마다^{이슬람국가 등} 여름이라도 노출의 문화적 차이를 고려해야 한다.

출장 가기 3달 전에는 출장을 가는 이들의 명단 및 출장의 목적과 취지, 목표를 명확하게 체크한다. 1달 전에는 다음 장의 사항을 꼭 확인하자.

> 이슈 / 진행 사항 / 계약 사항 / Key man(의사결정자가 누구인지) /
> 회의 시나리오 / 목표 / 협상 최대, 최소 가이드라인

출장에는 출장 일정 전체를 담당하는 출장의 '주인'담당자이 있다. 주인은 행사, 세미나, 교육, 학회 등을 미리 브리핑하는 역할을 맡는다. 특히 우리 사업 영역의 경우, 각 국가별 제품에 대한 허가 장벽이 있기 때문에, 이 제품이 허가를 받았는지 허가를 받을 수 있는지, FDA, CE 등의 허가 전략은 어떠한지를 확인해야 한다.

1주일 전에는, 다음의 부분을 다시 브리핑 한다.

> 이메일 히스토리 / 계약서 내용 / 지난 협상 내용 /
> 이전의 협상 결과 및 회의록 (Meeting Minutes) / 출장 목표
> / 협상 시뮬레이션

아침 식사 시간에 출장자들은 함께 밥을 먹고 담당자가 그날의 행사 등을 브리핑하는 것을 들으며 다시 한번 출장의 목적을 잃지 않도록 해야 한다. 특히 샘플이나 브로슈어 등을 최신으로 업데이트하여 손으로 만져 보면서 고객

과 소통하도록 해야 한다.

출장 때의 미팅은 실전이다. 출장지에서 결론을 본다는 생각을 하고 가야 한다. 전부 해결하고 오겠다는 마음가짐으로 임해야 한다.

출장지에서는 어찌되었든 대화를 외국어로 하는 것이기에 신경이 곤두서고 매우 빨리 지치게 된다. 그러므로 술로 체력을 소진하거나 밤을 새우는 일은 최대한 자제한다.

미팅이 끝나면 언어가 다르기 때문에 서로가 많은 시간을 얘기했어도 반드시 오해가 발생하게 된다. 그래서 회의록Meeting Minutes이 중요한 것이다. 서로 얘기한 내용이 맞는지 확인하고 양쪽이 회의 내용에 대해 이견이 없다고 사인해야 한다. 아니면 이메일이라도 보내 놔야 나중에 다른 얘기가 없다. 물론 국가에 따라 이런 것을 써도 무시하는 경향이 있지만, 그래도 회의록은 비즈니스의 기본이다.

공항에는 항상 라운지가 있다. 비행사 라운지는 비즈니스 클래스만 이용할 수 있지만 Priority Pass^{PPcard}와 같이

라운지 무료서비스를 제공하는 카드가 있으면^{연회비 약 10만 원 이상} 정리 못 한 일들을 라운지에서 해결할 수 있다.

다시 서울로 오는 비행기를 타기 전에 모든 것을 정리하고 오려면 조용하고, 인터넷이 잘되는 라운지가 업무를 최종 정리하는 장소다. 한국 와서 정리하자는 생각 자체를 버리자.

출장지는 종종 유명한 휴양지일 때가 있다. 마이애미, 샌디에이고, 파리, 발리 등등…. 놀고 싶을 때도 있는데 회사 규정에 맞춰야겠지만 상사에게 잠시 휴식을 취하자고 요청하는 것도 나쁘지 않은 것 같다. 출장기간 3~4일 이후 1~2일 따로 휴가를 내서 좀 쉬는 것이 가능한지 공손하게 물어보면 된다. 뭐 살아보니 일할 땐 일하고 놀 땐 노는 게 좋은 점이 많다. 일만 힘들게 한다고 일이 다 되는 것도 아니니 말이다. 혹은 출장이 길어지게 되면 빨리 집에 돌아오고 싶은 심정도 생기니, 양해를 구해 스케줄을 조정해보도록 하자.

출장지에서는 2배로 힘들다. 본사의 일도 신경 쓰고, 출장지의 일도 집중하려면 이중고에 해당한다. 그러나 출장지에 나와 있을 때가 나를 인식시킬 수 있는 기회니, 반드시 성과를 내고 돌아가야 함을 잊지 말아야 한다. 회사를 대표해서 나를 보낸 것이고, 나에게 투자한 것이다. 그러니 나는 이 출장 목표와 목적을 반드시 달성해야 하는 사람이라고 항상 생각해야 한다.

빈틈없는
창고(재고) 관리

'재고'는 자산이다, 돈이다. 이 재고관리가 제대로 돼 있지 않으면 항상 생각지도 않은 돈들이 없어질 것이다.

음식점에서 자기 음식점이 깨끗하다는 것을 보여주기 위해 오픈 된 주방공간을 보여주기도 한다. 회사에서 그런 공간이 바로 공장에 있는 적재 공간, 재고 공간이다. 회사마다 그들의 창고에서 제품을 어떻게 보관하느냐에 따라 그곳의 시스템이 잘 갖추어져 있는지 아닌지를 대충 알 수 있다.

재고 관리에서 일단 가장 중요한 것은 ERP^{편집자 주: 자원 관리 프로그램}로 운영해야 한다는 것이다.

아무리 작은 곳이라 해도 바코드를 통한 ERP관리를 하는 것이 좋다. 즉 언제든지 실시간으로 전산에 있는 재고량이 파악되어야 한다. 재고 관리의 목표는 전산의 재고와 실제 창고의 재고를 동일하게 맞추는 것이다.

그 차이가 제로가 되게끔 시스템으로 운영하는 것이 핵심이다.
그럼 이를 어떻게 해야 하는가? 기준을 아래와 같이 가지고 있어야 한다.

- 주문을 평균적으로 얼마나 해야 하는가?
- 주문한 이후에 제품은 평균적으로 얼마 만에 들어오는가?
- 주문한 제품의 비용 지출은 어떻게 해야 하는가?
- 안전재고(Stock이 언제 다 빠지는지)는 얼마나 있어야 하는가?
- 적재 공간에서 제품을 확인하고 출고할 때까지 걸리는 시간은?

이것을 매일, 매주, 매월, 매 분기, 반기, 매년, 하루도 빠지지 않고 시스템이 챙겨줘야 한다. 이것을 잘 지키는 것이 곧 돈인데 돈으로 보이지 않을 뿐이다. 재고를 남기지 않는 것이 회사의 이익을 극대화한다. 특히 영업 출신의 사장이나 임원들이 이를 간과하면 큰 문제를 만들 수 있다.

- 유효 기간 초과 제품을 미리 방지하고 조치할 수 있는가?
- 유효 기간이 초과된 제품이 거래처에 방치되는지 확인할 수 있는가?
- 입고될 때와 출고될 때 제품과 거래처의 정보가 확인되는가?
- 주문과 발주의 실무자와 중간 체크자와 최종 책임자가 구분되어 있는가?

만약 유효기간이 6개월밖에 남지 않은 제품을 거래처에서 반품하면, 100% 폐기된다. 일단 의료 기기는 거래처에서 재입고되는 거의 모든 제품을 폐기해야 한다. 즉 영업 이익 5%가 남는데 폐기가 분기별로 10% 나면 매 분기 5% 손해인 것이다.

특히 유효기간이 초과되고, 관리하지 않는 제품도 회계적으로 볼 때는 자산으로 잡히기 때문에 매출만 죽 보아 오다가 이런 재고관리 데이터를 보게 되면 정말 힘이 쏙 빠진다.

내가 회사를 창업했을 때 창고 관리 경험 부족으로 수천만 원을 날려보기도 하였다. 결국 직접 두 손 걷어붙이고 창고에서 ERP 정비를 반년 정도 하니 정상으로 회사가 돌아가게 되었다.

특히 거래처에서 그냥 묵혀져 있다 나오는 반품은 사실 업무 과실의 성격이 큰데, 그렇다고 직원들에게 물어내라고 하는 것도 참으로 힘들고, 이리저리 힘든 게 이럴 때 한두 가지가 아니다. 그래서 재고 관리는 회사에 있는 제품과 더불어 거래처에 나간 것까지 챙겨야 한다.

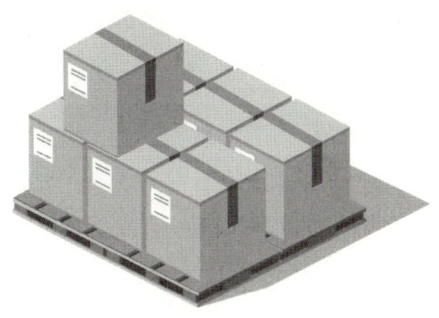

목표를 세우는 구체적인 방법

세상 모든 것에는 이유가 있다. 살아가는 것에도 이유가 있다. 인생의 목표가 자식을 좋은 대학에 보내는 것일 수도 있다. 반대로 자유로운 영혼으로 행복한 꿈을 꾸며 세계 구석구석을 누비며 사는 삶일 수도 있다.

아무튼 필요한 것은 목표 아닐까? 즉 서울에서 출발해서 부산을 가는 것이 목표라면 우리는 비행기든 열차든 걷든 자가용이든 목적지 '부산'을 향한다.

하지만 정작 목적지나 목표를 가지고 인생을 살아가는 사람은 사실 많이 없다. 출근과 퇴근하는 것의 반복된 생활은 목표를 쉽게 만들지 못하게 한다. 그럼에도 우린 목적지와 목표를 정해두어야 한다. 목표 지점이 있다는 것은 인간을 움직이는 원동력이고 우리가 향해 가는 길을 최단

기간으로 갈 수 있게 하기 때문이다.

스스로에게 '나의 목표가 무엇인가?'라고 물어야 한다. 나에게 목표가 무엇인가?

일단 '일'을 하기 전에 '목표'를 정해야 한다. 목표가 연봉인지 진급인지 결혼인지 아니면 운동인지, 어찌 되었든 하고 싶은 것들과 그것을 해야 하는 이유가 있으면 그만이다. 간혹 아이 4~5명을 홀로 키우는 어머니의 뒷바라지를 기사로 접할 때가 있다. 이분들에게는 아이의 올바른 성장이 목표다.

굳이 목표라는 이름 없이도 무엇인가 나를 움직이게 하는 원동력이 있으면 된다. 입사가 목표인 직원의 경우 회사에 입사한 순간 이미 목표달성이 된 것이다. 입사가 목표였으면 목표를 달성한 것이다. 그러나 이제 더 큰, 자신을 움직이게끔 만드는 가슴 설레는 목표를 새로 가져야 한다. 영업을 시작한 사람이었으면 일단 팀에서, 부서에서, 회사에서 1등을 해야 한다는 목표를 세우자. 남들이 부러워하는 영업 성과와 진급은 목표 달성에 따른 부산물일 것이다.

목표 과정을 일단 새해, 분기, 월, 주간으로 쪼개고, 내가 쉽게 다가가도록 구체적으로 세워야 한다. 그리고 목표를 달성하는 가슴 설레는 명확한 이유가 있어야 한다. 이것도 훈련이다. 가슴 설레지 않는다면 가슴 설레는 것처럼 스스로를 만들어 나가야 한다.

우리는 이런 자기의 현재와 목표를 설계하는 시간을 반드시 가져야 한다. 조용한 커피 전문점에서 해도 되고, 스스로 자신과 만나는 곳이라면 어디든 좋다.

일단 목표를 적어 나간다. 아무것이나 적어 나가다 보면 자신이 하고 싶은 일을 알게 된다. 그게 너무 유치하고 작더라도 상관없다. 내가 하고 싶다는데 누가 뭐라고 하겠는가?

어떻게 태어난 인생인데, 내가 삶을 풍요롭게 하기 위해, 한 번뿐인 인생에서 나의 정신과 몸의 열정을 다 쏟고 죽어야 하는데, 우리는 시간을 낭비할 순간조차 없는 것이다.

종이에 적는 것과 생각만 하는 것은 하늘과 땅 차이다. 일단 목표를 노트나 책상이나 자기가 볼 수 있는 곳에 적은 사람이라면, 이미 그들은 상위 10% 내에 있다. 누구든 생각을 할 수 있어도 적고 정리하는 것은 극소수이고, 이를 또 실천해 내는 사람은 더더욱 극소수다.

벤저민 디즈레일리는 "성공의 비밀은 목표를 일관되게 갖는 것이다"라고 했다. 메모하고 관철해야 할 내용을 자기 자신에게 반복적으로 주입하자. 쓰기 위해 한 번 생각하고, 쓰는 중에 한 번 더 생각하는 와중에 반복의 미가 부여된다. 적는다는 것은 또한 나의 생각을 현실의 창조물로 변환하는 셈이고, 먼 조상이 어두운 동굴에서 취한 골똘한 휴식과 겹친다. 우리가 몰두할 때, 새로운 창조의 힘이 생기고 온전히 우리 자신에게서 생성된 힘이 우리를 천천히 변화시키며 하나의 방향으로 발전시켜 나가게 한다.

일단 자기가 하고 싶은 일의 첫 번째를 종이에 적어보자. 이것까지 했다면 이미 90% 목표를 달성한 것이다. 그럼 이제 해야 할 일을 어떻게 구체적으로 달성할 것인가, 즉 전략, 설계도를 만드는 과정을 갖자. 만약 서울에서 부산 가는 것이 목표라면 버스, 택시, 자가용, 기차 등등 어떤 것을 택할까 선택하는 것이다.

계획은 치밀하게 세워야 한다. 선명하지 않은 계획은 선명하지 않은 결과를 만들 뿐이다. 구체화Detail할수록 결과가 더 선명하게 눈에 보이고 목표에 다가설 수 있다는 자신감이 생긴다. 설계하는 과정이 부실하면 건축물이 세워지더라도 엉성하고 볼품없는 것처럼, 이 목표에 다가가기 위해서 세부적인 진행과정을 꼼꼼하게 만든다.

이때 재미있는 경험들을 하게 되는데, 구체적으로 세운 목표가 어느새 조금씩 현실로 다가가는 느낌을 받게 된다. 즉 목표를 세우는 과정도 마음을 설레게 하지만 목표를 구체적으로 계속 적다 보면 정말 될 수도 있을 것 같은데, 하면 될 것 같은데, 하는 생각이 들게 된다.

이런 계획을 만드는 설계의 과정을 거치면 이제 우리의 할 일이 명확해진다. 목표를 향해 가는 길에 내가 할 일이 나열된다. 즉 하나씩 하나씩 나열된 것을 해나가면 되는 것이다.

- 맘속으로 목표를 정하고,
- 목표를 종이에 적고,
- 목표에 다가가는 계획을 세우고
- 목표로 항해하며 실행한다.

실천은 힘들다. 우리가 치아를 닦는 것도 태어나서 근 5살 될 때까지는 스스로 못한다. 이처럼 결국에는 쉬운 일도 처음에는 실천이 어렵다.

그러나 실패와 성공의 차이가 종이 한 장이라고 하지 않는가? 생각을 실천했느냐 안 했냐는 것이다.

매일 저녁 1분이라도 자기 자신을 되돌아보는 시간이 필요하다. 하루 종일 놀아도 상관없다. 하루 종일 침대에서 안 나와도 상관없다. 그러나 목표를 향한 계획을 실행하려면 반드시 감리 작업을 하자. 즉 매일 밤 잘 때 침대에서 1분이라도 반드시 '내가 목표를 향해 가고 있는지, 오늘 나는 0.01%라도 그 목표를 향해 가고 있는지, 다가가지 못하고 있는지'를 다시 한번 생각해 봐야만 한다.

이 1분의 시간은 폭발적인 힘을 발휘한다. 가족을 죽인 원수를 밤마다 생각하는 것처럼 복수의 날을 하나하나 기다리듯 감리의 시간을 보낸다면 그 시간이 1분 미만이어도 힘이 발휘되고, 꿈속의 목표가 현실로 다가오는 것을 조금씩 느끼게 된다.

내가 대웅제약에서의 10여 년 동안 365일 중에 350여 일 이상 회사를 나온 것도 매일매일 목표를 달성해야겠다는 생각이 나를 지배했기 때문이었다.

지금도 나는 회사와 팀과 가족의 목표를 적어서 알람 시계를 두듯이 항상 머리맡 책상 위에 올려둔다. 내가 나름 성공을 거둘 수 있었던 이유는, 이처럼 목표를 세우는 일을 항상 습관화하였기 때문이라고 생각한다.

목표, 구체적인 계획과 설계 과정, 그리고 실행 이후 매일 밤마다 1분이라도 나의 목표의 진도율을 체크하는 감리 시간, 이 사이클을 반복하는 행위가 목표에 다가가는 최선의 방법이다.

그러나 가끔 좌절이 밀려올 때가 있다. 목표 달성이 안 될 것 같다는 생각이 들 때이다. 이때는 반드시 성공한 선배, 혹은 사장 등 그 업계에 그래도 배울 만한 사람을 찾아가서 묻는다. 즉 초기의 계획과 실행 방법이 최고 1등의 방법이 아닌 아마추어의 전략으로만 세운 것일 수 있으니, 목표를 세울 때는 최고, 1등의 방법을 참고해야 한다.

그렇다고 목표를 너무 낮게 잡지는 말자. 나름대로 구체적이지만 큼지막하게, 목표를 다소 높게 잡자. 생각의 크기만큼 인간은 커지기 때문이다. 1등이 목표면 5~6등이 되지, 10등이 목표면 그냥 보통이 되겠다는 것이다.

1등이 목표면 생각이 1등이 되기 때문에 매우 중요하다. 생각을 크게 하면 큰사람이 된다. 모든 결과는 그냥 나오는 게 아니라 예상한 결과가 나오는 것이다. 올림픽에 출전한 국가대표라면 금메달이 목표인 것이다. 그래야 동메달이라도 딴다.

이처럼 영업을 처음 시작하는 사람, 혹은 어떤 일이든 시작하는 사람이 가장 먼저 해야 할 일은 어떤 목표를 달성할 것인가 정하는 것이다.

하고 싶은 일이 없다면 살아야 할 이유도 없다.
만일 우리가 원하는 것마다 만족하고 소원마다 성취되어 땀 흘려야 할 일도 없다면 도대체 뭘 하고 살아야 한단 말인가.
그저 밥만 먹고 하늘만 보면서 그 오랜 세월을 뭘 하면서 산단 말인가.

시간도 원 없이 많고, 돈도 원 없이 많고, 살고 싶은 큰 집을 골라서 살고, 사랑하는 사람은 눈 윙크 한번 하면 애인이 될 수가 있고, 회사의 사장도 원하기만 하면 될 수가 있고,

1장 | 업무 전략

여행은 마음대로 할 수가 있고, 그래서 더 이상 갖고 싶고, 하고 싶고, 되고 싶은 것이 없다면 어떻게 살 것인가.

이제 우리들에게 한 가지 결론이 나왔다. 인간에게는 개인적, 사회적인 고뇌가 반드시 필요하다는 것. 그리고 우리는 그 고뇌를 고통으로 받아들이지 말고 기꺼이 기쁘게 받아들여 즐기자는 것이다.

그렇다면 우리가 지금까지 그토록 싫어하고 피해왔던 불행들이란 행복을 느끼기 위해 반드시 필요한 필수 조건이된다. 죽음 직전에 살아나야만 삶의 기쁨을 가장 크게 맛볼 수 있다면 불행과 고통을 어찌 마다할 수가 있겠는가?

행복은 멀리서 보는 숲처럼 아름다운 것. 인간의 행복은 아름다운 나무들이 우거져 있는 풍경과 같다. 이 풍경을 멀리서 보면 놀라울 만큼 아름답지만 가까이 다가가거나 그 안에 들어가면 조금 전 놀라운 아름다움은 어느덧 사라지고 도대체 아까의 그 아름다움이 어디 있는지 몰라서 나무 사이에 멍청히 서 있게 된다. 우리들이 다른 사람의 명예나 재산이나 행복을 부러워하는 것도 그와 같다.

『사랑은 없다』 from 쇼펜하우어

마감을 통한 결과 예측 방법

 일 마감, 주 마감, 월 마감, 분기 마감, 반기 마감, 연 마감이 있다. 어떤 회사든 영업 관련된 부서들은 마감이라는 것을 하게 된다. 음식점도 저녁에 모든 음식을 팔면 마감을 한다. 마감을 하지 않는 일은 없다. 그러나 회사 생활은 이게 도무지 끝이라는 게 없다. 그러므로 목표로 다가가는 와중 중간 점검으로 거치는 마감은 굉장히 중요한 단계이다. 일일 마감, 주 마감을 하면 당연히 목표점으로 가는 '과정의 관리'가 가능하다. BEP^{손익분기점}를 넘기는지 확인해야 목표를 달성할 수 있지 않겠는가? 야구나 축구를 하면서 자기 팀이 몇 승을 해야 결승으로 가는지 모르고 운동할 수 있는가? 몇 점 차인지, 시간이 얼마 남았는지도 모르고 버저비터가 가능한가?
 마감이라는 것, 특히 주 마감, 월 마감이 모두 합쳐진 셈이 연 마감이 되는 것이다. 즉 과정이 있어야 결과가 있듯, 주 마감, 월 마감의 개념과 생각이 없으면 당연히 연 마감의 개념도 없고 결국에는 목표를 달성하고 있는지도 잘 알지 못하게 된다. 그렇기에 주간업무나 일일 보고가 중요한 것이다.

일은 자주 하면 쉬워진다. 즉 반복하면 할수록 쉽다. 스키를 타면 탈수록 쉬워지는 것처럼 반복은 어려운 것을 쉽게 만든다.

일일, 주간, 월 마감, 분기 마감 등을 하면서 마감 수치가 마냥 좋을 수만은 없다. 예를 들어 밥을 100그릇을 팔아야 월 수지가 맞는 식당이 있으면 15일째 되는 날 50그릇이 되어야 하지 않겠는가? 목표를 다소 높게 잡더라도 60그릇을 팔아야 하는데 실제 30그릇밖에 못 팔았다 하면 어떻게 해야 할까? 이런 것을 확인하는 과정이 바로 마감이다.

- 목표를 제대로 설정했는가? 달성할 수 있는 목표인가?
- 목표를 향해 가는 전략이 남들을 제대로 벤치마킹한 전략인가?
- 주요 판매 제품은 타사보다 우수한가?
- 남 탓은 그만두고, 현재의 조건과 상황에서 문제를 해결하기 위해 내가 할 일은 무엇인가?

상기의 물음 후에 목표와의 GAP을 파악한다. 주요 메인 고객의 이탈이나 신규 고객의 확보는 계속되는지, 매출이 되지 않더라도 이익을 높이는 방법으로 BEP를 통과하는 방법은 없는지, 직원들의 서비스 자체의 문제는 없는지, 인센티브를 써서 단기적으로 위험을 넘어가야 하는지, 책임자리더의 소통 부재가 없는지, 이 분야의 전문가를 영입해야 하는지 등 자신이 할 수 있는 일이 없는지를 살펴보는 것이다.

내가 무엇을 못해서 이런 문제가 발생했는지 팀장은 팀장 선에서, 부서장은 부서장 선에서, 직원은 직원 선에서 생각해야 한다. 그래야 내가 할 수 있는 범위에서 할 일이 정리된다. 남 탓을 하지 말자. 주방이 홀을 접대하고, 홀은 주방의 요리를 탓하면 식당이 잘되겠는가?

마감을 챙기지 않는 사원, 마감을 챙기지 않는 팀장, 마감을 챙기지 않는 부서장 3명만 있어도 목표는 달성되지 않는다. 목표에 무리수는 두지 말자. 일단 목표까지 갈 수 있는 기초 체력에 힘을 기울여야 한다.

이직과 퇴직에 대한 고민

나도 남들과 마찬가지로 회사를 이직도 해보고, 창업도 경험했고, 현재는 한스바이오메드㈜의 사장을 하고 있지만 누구에게나 이직은 항상 참 어려운 결정 중에 하나이다.

누구나 시작이 있고 끝이 있다. 어디든 시작이 있고 끝이 있다. 제일 중요한 곳이 첫 직장이다. 사실, 첫 직장에서 맡았던 업무를 은퇴할 때까지 하는 경우가 많다. 영업직으로 시작하면 영업 관련된 일로, 관리직으로 시작했으면 관리직으로, 마케팅으로 시작하면 마케팅 분야로 이직하게 되고 같은 분야의 직업을 이어가게 된다. 그래서 첫 회사, 첫 업무 분야가 매우 중요하다고 한다. 이직도 첫 직장, 첫 업무, 첫 상사가 영향을 미친다.

우리는 여러 가지 이유로 이직을 한다. 연봉, 복지, 진급, 상사와의 불화, 회사 경영 악화, 개인 사업 등.

그러나 반드시 그만둘 때 스스로에게 물어봐야 하는 것이 있다. 사람 사는 곳이 비슷한 곳이라 이직해도 문제가 그대로 있기 때문이다.

첫째로 생각해야 하는 것은, 내가 하는 '일'이 싫은 건지, 내가 하는 일은 좋은데 '사람'이 싫은 건지를 구별해 내는 일이다. 만약 내가 하는 일이 싫은 거라면? 직업의 관점에서 단순히 슬럼프에 빠진 것인지 확인이 필요하고, 일단 자신의 업무를 되돌아보고 선후배의 조언을 들어보는 게 좋다. 즉 일 자체가 싫은 것이면 계속할 수 없어 옮기는 게 맞지만, 성과가 잘 나지 않기에 슬럼프에 빠지는 경우는 조금 다른 이야기이기 때문이다.

사람이 싫은 경우에는, 부서 개편이 되면 만나는 사람이 바뀔 수가 있는지, 자신이 다른 팀으로 가거나 팀 자체가 바뀔 수도 있는지 등등의 가능변수를 봐야 한다. 조직은 항상 변하기 때문이다.

둘째로 스스로에게 물어봐야 할 것은, 우선 이직 준비

가 되어 있냐는 것이다. 다른 직장이나 직업이나 혹은 개인 사업이나 기타 다른 할 것이 '준비가 되었느냐'다. 경제적인 문제는 매우 중요하다. 객기로 회사를 그만두면 안 된다. 그냥 여행을 홀로 떠나고 싶다고 회사를 그만두면 안 된다. 여행을 다녀와도 현실은 현실이고 바뀌는 게 없기 때문이다.

사실 그래서 회사 다니는 중간중간 초심을 되찾고, 자신의 체력과 정신 상태를 복구시켜야 한다. 계속되는 야근은 정신과 육체 모두를 무너뜨리기 때문에 야근은 적게 하고 근무 시간에만 몰입해서 일하는 습관과 한 달에 1~2번은 여행 혹은 푹 쉬는 것. 그리고 운동과 학습하는 습관을 유지하는 게 급격한 변화를 만들지 않는 중요한 매니지먼트이다.

직원들과 해외출장을 가면서 내가 우스갯소리로 하는 말이 있다. "나는 운동하고 공부하고 일찍 자는 이유가 뭔지 아니? 계속적으로 일하고 즐겁게 살기 위해서이다"라는 말이다. 즉, 실제로 내가 나 자신을 위해 투자하는 것이 이직 혹은 직장 내 스트레스를 방지할 수 있다는 거다. 그래서 극단을 달리는 것은 좋지 않다. 술 먹고 야근하고 폭식하고,

밤새워 놀고, 이런 양극단적인 신체, 정신적 위로는 사실 스트레스를 푸는 게 아니라 스트레스를 축적시키고 있다고 생각한다.

『인생수업』엘리자베스 퀴블러 로스, 데이비드 케슬러 지음에서는 다음과 같이 말한다.

일과 놀이가 완전히 별개의 활동일 필요는 없습니다. 당신이 하는 일에서 즐거움을 찾는 것은 바람직한 일입니다. 일상의 일들에서 즐거움을 발견하는 것은 하루를 살아가고 평생을 살아가는 데 큰 도움이 됩니다.

회사를 놀이터로 만들고, 놀기 위해 운동하고 몸을 만든다고 생각하는 게 어떨까?

어쨌든 결론은, 회사를 나가서 할 일이 준비가 되었느냐를 일단 체크하고, 내가 여기에서 못 했던 일을 내가 갈 곳에서는 할 수 있는지도 알아보자. 그게 YES라면 옮기는 것을 고려해 보아도 좋다.

회사를 옮길 때는 보기보다 빨리 찾아온다. 사실 이직을 반대하지는 않는다. 직원은 회사를 다니면서 회사가 주는 정신적 가치와 물리적 가치가 자신에게 맞는 곳을 찾아 가기 마련이다. 즉 많은 칭찬이나 격려, 지지, 연봉, 인센티브상여, 진급이 적절히 보상되는 길을 따라가는 것이다.

물론 이런 것보다 복지가 중요하고, 업무강도가 약해도 오래 다닐 수 있는 회사가 좋다면 그런 회사에 다니는 것도 나쁘다고 생각하지 않는다. 저마다 본인에게 맞는 회사가 있다.

이직을 해야 한다고 생각되면 그전에 본인의 걱정과 근심을 팀장, 사업부장 등과 최대한 예의를 갖추고 오해 없이 의견을 교환해 본다. 그래도 심경의 변화가 어려울 것 같으면 최소 1달 전에 의사 전달을 하고, 자신의 길로 가면 되는 것이다. 그 길에 때론 답이 있다.

이때 주변 동료는 경험이 부족하므로 반드시 회사의 롤 모델 등과 상의를 하길 바란다. 본인의 평가문제도 걸려 있으니 적을 지고 갈 필요는 없지 않은가? 생각해보면 나를 공부 시켜준 감사한 곳이니 떠날 때 멋지게 떠나보자.

새로운 곳에서 내가 더욱 성공할 수 있다. 그러나 이직의 장단점도 명확하다. 너무 자주 직장을 옮기면 추천서의 내용이 좋지 않을 수 있고, 업무의 파악과 주변의 도움이 적어진다. 생각을 충분히 주변 사람과 논의하고 결정이 된다면 옮기면 된다.

회사에서도 좋은 인재를 뺏기기 싫겠지만, 또 개인의 발전을 위해 보내주고 훗날 재입사를 하게 된다면 다시 받아주는 배포를 가질 필요가 있지 않을까?

행복한 하루하루를 위한 나의 다짐

세상을 다 얻으면 행복할까?

아침에 눈을 뜰 때 뻐근한 어깨와 더 못 잔 잠이 아쉬울 때가 있을 것이다. 회사에 첫 출근을 할 때의 마음가짐은 어느새 없어지고, 토요일, 일요일만 기다리다가, 연차라도 내고 싶을 때가 많을 것이다.

슬럼프인가? 아니면 맘에 안 드는 선배나 동기인가? 팀장인가? 일은 잘 안 풀리고 칭찬이라고는 못 받아보고, 욕만 먹는 하루하루를 보내고 있지는 않은가?

누구나 잘하고 싶고 성공하고 싶다.

나도 회사에 사표를 몇 번 던져봐서 안다. 내가 안 하고 말지라면서….

지금은 처자식이 있어 그랬다가는 집에서 먼저 쫓겨날

것이지만 말이다.

 행복은 어디에 있을까? 대학에 가면 행복할 줄 알았고, 취직을 하면 행복할 줄 알았고, 결혼을 하면 행복할 줄 알았고, 예쁜 아기가 생기면 행복할 줄 알았고, 집을 사면 행복할 줄 알았는데, 도대체 파랑새는 어디 있는 것일까?

 직장은 하루 중에 가장 많은 시간을 할애하는 곳이다. 잠자는 시간과 집에서 실제 깨어 있는 시간을 빼고는 우리는 인생에서의 대부분을 직장, 일하는 데에서 보낸다. 그렇지 않은가? 그런데 그곳이 지옥이고 힘들다면 인생의 대부분이 힘들 수밖에 없다. 어떻게 다녀야 할까?

 일단, 일에 대해 긍정적이어야 한다. 회사에는 항상 부정적인 사람이 있다. 뭐든 불만이 많다. 이런 사람은 무조건 피하자. "잡놈은 피한다"라는 원칙을 세워라. 즉 인생에서 도움 안 되는 사람은 알아서 걸러야 한다. 좋은 사람, 멘토를 만나는 것이 중요한 만큼 이상한 사람 옆에 있으면 안 된다. 부정적인 기운에 전염되어 나도 그렇게 된다. 예전에 어머니가 했던 얘기, '친구 잘못 사귀면 안 된다, 친구

보증 서 주면 안 된다' 같은 얘기가 다 맞는 말이다. 이상한 사람과 함께 있으면 안 된다. 맹모삼천지교라는 말이 괜히 나온 것이 아니다.

세상에 부정적인 사람이 성공하는 경우는 없다. 즉 회사에서 불만 있는 표정과 말투를 쓰는 사람은 성공할 수 없다. 그럼 같이 있는 나도 회사 다니는 게 고역이 되고 똑같이 불행해진다.

남 욕, 회사 욕하면서 하루를 보내는 사람에게 전염되지 말아야 한다.

둘째로, 뭐든 일이 있을 때 아무도 '내가 하겠다'라고 하지 않는 경우가 있다. 이때 그냥 손들고 "제가 할게요"라고 하자. 단 한 마디를 더하자. "힘들거나 도움이 필요하면 요청하겠습니다." 이렇게 말하고 착수하면 되는 것이다.

일은 누가 주는 게 아니라 내가 찾아다니는 것이다. 회사는 경험을 쌓는 곳이다. 단기간에 경험을 많이 쌓는 사람이 진급을 하는 구조이다.

즉 일을 많이 하고, 일의 경험이 풍부한 사람이 승진하고 연봉을 많이 받는다. 간단한 논리다. 일을 적게 하면서 승진하는 케이스는 없다.

　일하다 보면 일에 파묻힐 수 있는데, 대리 정도만 돼도 사람이 더 필요한 일인지 아닌지 구분할 수 있기 때문에 힘들면 직원 추가 요청을 하면 된다.

　회사에서 미안해하면 그만한 혜택이 돌아올 것이다. 일을 찾아다니자. 그러면 능동적인 본인의 태도에 반드시 피드백이 올 것이다. 이렇게 일하다 보면 일이 누가 시킨 일 같지 않기 때문에 일이 재미있고 즐겁다. 즉 누가 시킨 일을 하는 게 아니라 내가 하고 싶은 일을 한다는 생각으로 나 스스로에게 의미를 부여할 수 있게 된다.

　셋째로, 항상 계획한다.

　일도 목표도 휴가도 계획한다. 일정표에는 계획이 꽉 짜여 있어야 한다. 쉬는 것까지 계획해야 한다. 운동도 계획이 짜여 있어야 하고, 술 마시는 것도, 친구 만나는 것도 계획이 있어야 한다.

　특히 쉬는 것과 놀러 가는 것, 휴가 계획도 있어야 한다. 계획이 있으면 진행하게 된다. 준비하게 되면 일하게 되어 있다.

　이렇게 하루, 일주일, 월간, 분기, 최소한 반기까지는 모든 것들의 준비와 계획이 잘 짜여 있어야 한다.

생일, 미팅, 운동, 여가, 휴가, 일, 프로젝트, 독서, 업무 등 모든 것에 밸런스를 맞추자. 인생은 저글링이라고 하지 않는가?

일만 잘하고 몸이 망가지면 안 되듯이, 일에 미쳐 취미를 잃지 않듯이, 모든 것을 균형 있게 유지하자.

간혹 한쪽에 빠질 수 있지만 다시금 맞춰나가면 된다. 그러기 위해서 계획하는 것이다.

이렇게 생활하면 회사는 나에게 많은 시간을 보내는 곳이지만 동시에 행복과 미래를 꽃피우는 곳이라는 생각이 들 것이다.

물론 친한 동료, 비전, 급여 등도 당연히 필요한 것이지만, 보다 근본적인 가치를 찾아야 한다는 뜻이다.

2장

사장이 직접 알려주는 영업 마케팅

대인 관계 전략

상사(팀장)의 유형

상사란? 업무를 더 많이 아는 사람이다. 그러나 신입사원 때 대충 상사가 된 사람도 있을 수 있다. 과장, 차장, 부장 같은 '장'이 뒤에 붙는 사람이면 몰라도 대부분 대리까지는 일을 설렁설렁 하고 업무를 잘 몰라도 진급한 사람도 많다. 모든 곳이 성과대로만 평가되지는 않는 것이다.

어떤 사람이든 일주일, 혹은 한 달 정도 함께 일을 해보면 아무리 신입 사원이라도 이 사람이 배울 것이 있는 사람인지 아닌지를 알아본다. 야구를 잘 모르는 사람이라도 선수의 폼을 보면 잘하는지 아닌지를 알듯이 말이다. 만약 팀장에게 어떠한 것도 배울 게 보이지 않는다면 어떻게 해야 할까? 장점이 안 보이는 사람에게 무얼 배울 수 있을까?

타산지석으로 삼을 만큼 우리 주변에는 그런 사람이 보

기보다 많다. 그러나 다른 관점에서 보면 오히려 좋은 기회일 수도 있다. 상사가 일을 잘하면 내가 안 튀어 보이니 아무리 열심히 해도 상사 그늘에 있게 되는데, 무능한 팀장 밑에 있으면 내가 조금만 잘해도 튀게 된다.

그 상사에게도 상사가 있고 사장이 있는데 모를까? 다 안다. 누가 일을 하는지는 다 티가 나는 법이다. 그러니 내 위의 상사의 능력 부족은 나의 기회인 것이다.

사실 최고의 상사는 '힘든 처지'다. 힘든 일을 겪으면 배우는 게 많다. 혼자 힘으로 할 수 있는 일이 없다는 것을 깨달으면 영업은 마케팅을, 마케팅은 관리를, 관리는 다시 개발을 보면서 해결 방법을 찾아 결과를 만들려 노력해야 한다.

궁하면 통한다. 궁하면 답이 스스로 찾아온다. 특히 회사의 위기는 오히려 나에게 기회다. 왜냐? 빚과 적자는 회사의 책임이다. 나는 돈을 받아 가면서 회사의 문제를 고치고 해결하기만 하면 된다. 이때 부쩍 업무 실력이 는다. 그리고 성장하게 된다. 사람은 위기를 겪고 어려운 일을 하면서 커가는 것이다.

'상사복'이라는 게 진짜 있을까? 우리에게 '첫 직장', '첫 업무', '첫 상사'가 중요한 것은 이들과 함께한 시간이 향후 10년, 20년을 결정할 수 있기 때문이다. 이게 얼마나 마음대로 안 되면 '복'이라는 말을 하겠는가? 직장 생활을 하면서 여러 명의 상사를 만날 텐데, 안 좋을 땐 타산지석으로 삼으면 되고, 좋으면 스승으로 모시면 되니, 일단 나쁠 것 없다는 쪽으로 생각을 하자.

일단 게으른데 똑똑한 상사와 일했을 때 좋은 점은 일을 많이 배울 수 있다는 점이다. 주변에서도 어차피 그 상사가 제대로 된 일은 안 하고 시키는 것만 하는 걸 알기 때문에 측은지심으로 많이 도와줄 것이다. 이러면서 많이 배운다. 특히 게으른 상사이지만 똑똑한 상사에게 피드백을 제때 잘 해주면, 상사는 믿고 일을 더 많이 준다. 게으른 상사에게 결과물을 만들어 내는 직원은 맞춤이다.

부지런한 상사는 생각보다 어렵다. 부지런하면, 일단 시키는 게 많고 밑의 직원의 생각과 전략, 그리고 높은 의욕을 꺾을 수도 있다. 사실 게으른 상사보다 더 힘든 것이 그리 똑똑하진 않지만 성실하고 세세한 것을 하나하나 챙기는 상사이다. 따라서 새로운 전략이나 기획을 하기에는 무리가 따르기도 한다. 그러나 이런 상사는 기본기를 봐주고 일일이 챙겨주기 때문에 직장 생활에서 꼭 필요한 부분을 익힐 수 있다는 장점이 있다.

그렇다면, 가장 이상적인 상사는 누구일까? 이는 오히려 신입들에게 묻고 싶다. 어떤 상사가 가장 이상적인 상사인가? 상사는 2차 집단에서 만난 사람이다. 2차 집단이란 1차 집단인 가족과 다르게 목적을 가지고 만나는 사람으로 구성된다. 즉 이 집단이 구성된 것은 친구, 가족과 이유가 다르다. 그래서 신입 사원 때 동기를 제외하고는 계속해서 연락하는 사람이 고등학교, 중학교 친구들보다 적은 것이다. 목적이 있어서 만나는 사람이 되어 버린 시점에서, 상사는 어떤 사람이어야 하는가?

친절하고, 따뜻하고, 격려해주고, 일 잘 알려주는 사람일 것이다. 맞다. 그런 사람이 필요하다. 그래서 회사에서도 특히 팀장(상사)교육에 많은 시간과 비용을 지불한다. 상사들이 직원 관리·교육에 능숙하지 않으면 직원들과 마찰이 일어나게 되고, 그러한 결과로 직원이 그만두게 되는 경우가 많기 때문이다. 실제로 연봉이나 업무 과다보다 상사와 주변 조직과의 불화가 이직의 가장 큰 비중을 차지한다.

나를 목적지로 함께 데려다주고, 그 목적지로 가는 방법을 알려주는 사람이 바로 "상사"이다. 목표를 세워줄 수 있고, 그 목표를 같이 수정하면서 목표를 함께 달성해가는 상사…. 콜 센터에서는 기본적인 교육이 끝나면 선배가 전화 받는 것을 똑같이 계속 받아 본다고 한다. 그렇게 하다 보면, 상황에 따른 여러 대처 방법을 배울 수 있는 것이다.

목표를 세우고 목표 달성을 도와주는 상사가 필요하다. 거기다 성격까지 좋다면 금상첨화이고….

적지에 그냥 신입 직원을 떨어트리는 것처럼 무모한 짓은 없다. 가장 나쁜 상사가 그냥 멍청하게 있도록 내버려 두는 상사이다.

신은 공평한지 다양한 사람을 섞어 놓는데 꼭 내 상사가 아니더라도 배울 만한 선배나 다른 상사가 주변에 보일 것이다. 그러면 반드시 찾아가서, "선배님 술 한 잔 혹은 커피 한 잔 제가 사고 싶습니다. 선배님처럼 일을 잘하고 싶은데 공부 좀 시켜주십시오." 하고 먼저 다가가면 기특한 마음에 거절하지 못한다. 그러면 기분 좋게 업무의 노하우를 쉽게 배울 수 있다.

나도 가끔 테니스 동호회 선배들에게 이렇게 다가간다. 그러면 그다음 날 게임을 하기 전에 선배들이 시간을 빼서 나를 가르쳐 준다. 배우고 싶다고 고개를 숙이는데 안 가르쳐 주는 상사가 있을까? 그게 더 이상한 일이다. 남에게 다가가는 게 처음엔 조금 불편하고, 멋쩍을 수 있지만, 평범한 인간이라면, 나를 인정하는 사람에게 호의를 베풀게 되지 않을까? 도움을 청하는데 외면하는 선배는 찾기 어렵다.

자신을 알아주는 사람을 위해 목숨을 바치는 게 인간이다. 상사를 모실 때는 그렇게 예의를 다하고, 진심을 보이면 일을 똑바로 배울 수 있다.

때로 이런 선배가 있다. 퇴근하기 전에 일을 시키는 선배, 상사…. 어떻게 해결해야 할까? 일단은 2~3달은 시키는 대로 한다. 나쁜 일이든 좋은 일이든 시작부터 못 한다고 하면 찍힐 수 있다. 후에 기회를 틈틈이 노려서 선배, 상사와 커피 한잔하자고 한 뒤, 더 잘하고 싶은데 시간이 부족하다고 솔직하게 자기 의견을 공손히 말하면 된다. 항상 상사와 밑의 직원은 서로 기한의 중요함을 알고 있다. 즉 상사도 일의 진행 과정을 확인해야 하기 때문에 윗사람에게 문제점을 터놓고 얘기하면, 해결될 때가 많다.

중요한 것은 Deadline이 아니라, 진행 사항을 수시로 보고해서 지시자가 궁금해하지 않게 하는 것이며, 진행하고 있는 방향이 맞는지 수시로 점검하는 것이다. 이것이 서로에게 매우 진지한 신뢰관계 형성의 기초를 이룬다.

만약 괴롭히는 상사가 있으면 어떻게 할까? 성격이 못된 상사라도 배울 것이 있으면 다행인데, 둘 다 별로이면 이건 힘들다. 회사가 똑똑하면 아마 인사이동 시기에 조치를 취할 것이다. 그것도 못 하는 회사라면 나오는 게 맞을 수도 있다. 윗선에 있는 사람도 누가 필요한 사람인지 아닌지 다 안다. 그런데도 그들이 해결을 못 한다면 결정할 시간이 다가온 것이지 않을까?

상사(팀장)의 조건

 사장이 직원보다 왜 월급이 많은지 생각해 봤는가? 리스크 때문이다. 리스크가 많으면 월급이 많고, 리스크가 적으면 월급이 적다. 즉 회사에서 사원, 주임, 대리, 과장은 일을 잘 못해도 회사가 손해를 떠안고 본인은 고작 시말서를 쓰는 정도다. 물론 감봉도 있지만 법적으로 한계가 있어서 실질적으로 개인의 손해는 거의 없다. 인사 게시판에 올라가서 소문이 날 뿐이지….

 이래저래 해서 상사가 되었다. 그러면 문제가 없을까? 아니다. 이제 아랫사람 모시기다. 힘들게 하면 직원들이 그만두지, 잘해주면 상사를 우습게 알지, 가르치면 이직하지, 걱정이 이만저만이 아니다.
 일단 상사, 리더십을 가진 팀장이 가져야 할 두 가지 자세는 첫째가 업무 정통, 둘째가 솔선수범이다. 성과는 이를 토대로 만들어진다. 존경 받으려는 다짐이 필요하다. 밑의 직원들이 배우고 따르고 싶은 상사가 되어야 한다.

업무 정통이라 함은 업무의 목적과 취지를 정확히 파악하여 어떻게 하면 성과가 날 것인지를 알고 밑의 직원에게 바른 방향을 알려 주는 것이다. 업무의 본질을 꿰뚫고 있어야 어떻게 해야 할지를 안다.

많은 회사가 회의를 진행하면서, 이 회의를 왜 해야 하는지에 대한 구체적인 설명과 논의 없이 본론으로 들어간다. 대다수의 참석자들 역시 회의의 의의와 이유를 모른다. 그러나 상사_{팀장}는, 다른 부서, 다른 업무 분야, 새로운 지식, 그리고 업계에 진행되고 있는 수많은 정보를 정리하고 분석해서 팀원들과 밑의 직원들과 공유해야 하고, 핵심 팩트를 알려줘야 한다. 상사는 좋은 먹이_{정보}를 요약해서 전달해야 하는 의무가 있다. 이게 업무 정통이다.

솔선수범 또한 중요한 팀장의 자질 중 하나이다. 요즘 직원들에게 강요하기는 어려우나, 나는 아침 7시 30분에 출근하고 365일 중 350일 이상 10년 정도를 일했다. 그래서 어린 나이에 본부장, 사업부장을 할 수 있었다. 아마도 성공한 사람이라면 나보다 더하면 더했지 그 이하는 없다고 생각한다. 나는 어렸을 때부터 머리가 좋다는 얘기는 그다지 못 들었고, 공부는 서툴렀기 때문에 성실성만큼은 1등을 해야 한다는 생각이 있었다. 그게 내 경우엔 가장 주효했다. 출근, 퇴근 등 직원이 볼 때 솔선수범하는 자세는 요즘 팀장, 리더들이 가져야 할 중요한 덕목이라고 할 수 있다.

책상을 없애야 회사가 산다는 말이 있다. 아직도 나는 거래처를 거의 매주 빼놓지 않고 다닌다. 실제 현장까지 챙기려면 체력적으로도 정신적으로도 상당히 피곤한 것은 사실이다. 밑의 직원들이 하는데 왜 나까지 굳이 해야 하는지 물어보는 사람도 많지만, 고객을 만나는 일은 나에게 가장 중요한 일이다.

고객 클레임은 없는지? 주력 제품이 우리 전략에 맞추어서 판매되고 있는지? 경쟁사는 어떻게 움직이는지? 이것을 가장 빨리 알 수 있는 방법은 영업 현장을 놓치지 않는 것이다. 실제로 그래야 직원들이 요즘 어떤 고민에 빠져 있는지도 가장 먼저 알 수 있고, 발 빠르게 해결해 줄 수 있다. 직원은 클레임을 바로 회사에 얘기하지 않으니 내가 알아서 챙겨야 한다.

팀장에게 팀장 수당을 괜히 주는 게 아니다. 까라면 까는 그런 시대는 지났다. 상사, 팀장은 회사의 주인 중 하나이며, 신입 사원, 그리고 대리급 미만 사원들의 1차 롤모델이 되어야 한다.

임원(사장)과의 회의와 회식

누구에게나 상사임원나 사장님과의 회의 혹은 식사 등은 쉽지 않다. 특히 우리나라와 같은 수직적인 조직 문화에서, 윗사람에 대한 예의와 자세를 갖추는 시간이 길어지면 힘들다.

사장이나 임원은 사실 항상 궁금한 것이 많다. 높은 상사, 즉 임원이나 사장은 아랫사람들의 얘기를 직접 듣고 싶기도 하고, 회사의 전략이나 정책, 제도가 실제로 제대로 이루어지고 있는지 현장을 살피는 기회로 회의나 회식을 잡기도 한다.

사장과 임원진들은 항상 신입 직원이나 똑똑한 직원들과의 시간을 좋아한다. 그렇다면 우리는 어떻게 이런 힘들고 어려운 시간을 준비해야 하는가? 불안하다면, 일단 아래 4가지를 기억하자.

- 내가 지금 하고 있는 일이 무엇이며, 그 일의 목표가 무엇인가?
- 하고자 하는 일이 잘 되는가 안 되는가?
- 잘 되는 이유와 안 되는 이유가 무엇인가?
- 회사가 해당 목표를 달성하기 위해 도와줄 일이 무엇인가?

이 질문들에 대한 대답을 준비하고 있어야 한다. 사실, 우리가 하는 일이 바로 이 4가지 질문의 답변에 해당하는 것이다.

잘 보면 위의 1~4번은 당연히 평소에 정리되어 있어야 하는 내용들이다. 위의 질문들이 정리되어야 실제 일을 하고 있는 것인데 대부분은 위의 4가지처럼 내가 하는 일의 구체적인 목적, 목표, 계획을 매번 생각하진 않는다. 그러니 만약 누군가가 위의 문항에 대한 대답을 멋지게 해낸다면, 남에게 튀어 보이려고 하는 것이 아니라 그냥 자연스럽게 해낸다면, 얼마나 상사 입장에서 자랑스럽고 든든한 직원이란 생각이 들겠는가? 물론 시기를 받을 수도 있다. 그러나 시기, 질투는 항상 있는 일이다. 내가 아는 한 교수님은 워낙 논문도 많이 쓰시고, 방송도 많이 나가셔서 주변 사람들의 시기, 질투가 무척 많았다고 한다. 그래서 내가 어떻게 이런 것을 해결하시는지 물어봤더니, 대답이 걸작이다.

"남들보다 조금 잘하면 안 되고, 아주 많이 큰 차이를 벌려서 아예 매우 잘해야 해요. 그러면 어느 순간 시기, 질투하는 마음이 조금씩 내가 하는 일의 성과와 결과에 대해 존경으로 바뀌기 시작해요."

1~4번처럼 목표와 목적을 염두에 두고 사는 것이 곧 나 자신을 위한 일이고, 나아가서 우리 집, 회사를 위한 일이다. 이것이 습관처럼 되는 사람이 임원이 되고, 사장이 되는 것이다.

그리고 윗사람들하고 식사를 할 때, '하고 싶은 말 있으면 하라'는 시간이 있다. 다들 알겠지만 고역이다. 말하면 후환이 두렵고, 말 안 하면 경직된 분위기가 되기도 하고…. 참 난감했던 기억을 다 가지고 있을 것이다.

이때 가장 조심해야 할 것이 부정적인 생각과 말투이다. 불만스러웠던 것들의 평소 생각이 드러나 버리면 주워 담을 수도 없이 속수무책이 된다. 부정적인 생각과 말투는 전염성이 높아서 팀장, 사장 입장에선 경계 1순위다. 회사를 다니다 부정적이거나 혹은 감정이 좋지 않은 때가 오면, 왜 그런 것인지 스스로에 대한 질문을 통해 답을 찾아가야 하고, 또한 되도록이면 술자리는 피해야 한다. 힘든 대화를 해야 한다면 24시간이 지나고 최대한 겸손하게 예의를 갖춰 상사를 찾아가는 편이 좋다.

질문을 한다면, 사장 혹은 임원들에게 회사의 정책, 제도의 내용을 묻는 것이 아니라, 왜 그런 제도와 정책을 시행하게 되었는지에 대한 '의도'를 묻는 것이 좋겠다. 의도에 관해 묻게 되면 상사는 더욱더 상세히 얘기해 줄 수 있고, 질문자도 궁금증을 해소하기 쉬워진다. 평소에 회사 내 관심이 있던 내용에 대해 왜 그런 것이 필요하고 시행되었는지를 묻는 것 또한 좋다.

회사의 정책과 제도에 직원들도 관심이 있어야 사장도 임원도 신이 난다. 그리고 이런 문화가 있어야 서로가 어떤 제도, 정책, 운영안 등의 기본 배경 지식을 지니고 더 수월하게 일의 합을 맞출 수 있다. 그러나 너무 가까워져도 불편하고, 위에 대리, 과장, 부장, 임원 등이 있으면 순서대로 적절한 거리를 두는 것도 좋다.

마찰을 최소화하는
문제 해결 과정

 동료, 상사와의 갈등은 직장 내에서 피할 수 없는 일이다. 직장 동료들과 지내면서 당연히 생기는 일인데, 어쨌든 이런 일이 있으면 맘이 편치 못하다. 이럴 때 중재를 나서는 것이 팀장일 수도 있고, 선배일 수도 있으나, 해결이 쉽게 되지 않을 때가 많다. 인간관계를 잘 조율할 수 있는 사람보다 일 잘했던 사람이 주로 팀장이 되기 때문에 그렇다. 어쨌든 팀장이 없고, 중재자가 없더라도 우리는 사건을 해결해야 한다.

 문제를 해결하기 위해서 아래와 같이 문제에 대해 분석해 볼 필요가 있다.

- 분쟁의 원인이 무엇인가(윗선이든 동료든).
- 원인 해결 방안은?
- 내가 반대 입장이라도 똑같은 행동을 할 것인가?
- 의사 결정이 나 자신보다 팀, 팀보다 회사를 위한 결정인가?
- 문제를 객관적으로 볼 수 있는 제3자에게 조언을 구해본 적이 있는가?

먼저 원인을 명확하게 하는 게 언제나 우선이다. 도대체 문제가 무엇인지를 모르고 싸우면, 싸우는 이유가 없어도 싸우게 된다. 또한 이런 일에 감정적인 대응을 한다면 일을 더욱 키우게 될 것이다. 대부분의 문제 상황에서 상대방 부서든 우리 부서든 마음에 들지 않는 사람에게 화를 낼 수 있다. 그러나 논리적인 접근을 하지 않으면, 감정적인 사람이라는 꼬리표가 따라다닐 수 있으니 신중해야 한다.

두 번째로 문제의 원인을 명확히 했다면 해결 방안을 생각해 내서 즉시 실천해야 한다. 상사를 통해 얘기할지, 직접 얘기할지, 우회적인 방법으로 얘기할지, 아니면 조금 더 기다릴지를 봐야 한다. 내 경험으로는 문제가 일어나면 1~2일 이내에 감정을 가다듬고 직접 얼굴을 보는 것이 좋았다. 이메일은 오해하기 쉽다. 특히 화가 난 이후에 즉시 보내는 문자 메시지는 이성을 잃기 쉬우니 절대로 보내지 않기를 바란다.

상대방이 혹은 타 부서가 너무 밉고, 대화하기가 죽기보다 싫을 수도 있지만, 그래도 용기가 필요하다. 이런 때일수록 태도가 중요하다. 사람이 싸우는 이유는 말의 내용 자체보다 90% 이상 어투 때문이기에 예의 있게, 겸손하면서 논리적 어조로 접근해야 일이 보기보다 쉽게 풀린다.

세 번째와 네 번째 사항은 상대방의 입장에 서 보라는 것이고 그러면 대부분 상대방의 입장도 이해가 된다. 의견을 무조건 받아들이라는 것이 아니라, 상대방의 입장에서 생각해보는 것이다. 어느 쪽 입장이든 어떤 결정을 해야 회사와 조직에 더 득이 되는지 장기적으로 살펴 신중히 결정해야 한다.

다섯째 항목은, 주변에 문제를 객관적으로 볼 수 있는 사람들에게 중재나 조언을 구해보는 편이 도움이 될 수 있다는 것이다. 그러니 평상시에 다른 부서 사람들과 친하다면 일이 더욱 수월해질 수 있다. 그래서 회사에서도 이런 사람들을 좋아한다. 일을 할 때도 다른 팀과 co-work 하면서 전체를 볼 수 있으니까. 아무튼 이런 문제가 있을 때 여러 사람의 의견을 들으면 생각이 정리되고, 혹은 내가 말하면서 스스로 문제가 정리되기도 한다. 조언자의 자격 미달로 문제 해결이 잘 안 될 수도 있으니 50%의 가능성만을 생각하고 자문을 진행하는 게 실망스런 마음을 가지지 않게 하기도 한다.

동료, 주변과의 불화는 회사에서도 문제가 된다. 직원들의 대부분은 이런 문제를 하나씩 끌어안고 있다. 이것을 쌓아두면 더 문제가 된다. 문제는 오해를 낳고, 되풀이되는 오해는 해결할 수 없을 정도의 분노 혹은 팀의 분열을 일으킬 수 있다.

사람을 통한 성장의 중요성

　사회적으로 대기업에서 직장 생활을 시작하는 것이 대학생들에게는 우선으로 여겨지겠지만, 그렇게 되지 않을 가능성도 많다. 누구나 대기업을 선호한다. 높은 연봉과 안정적 직장, 누구나 바라는 이상이지만, 대기업에서의 결과가 항상 좋은 것만은 아니다. 40대면 나와야 하는 걱정과 더불어, 시스템의 노예가 되어서 조직이 없으면 움직일 수 없는 자신을 발견할 수도 있다.

　대기업은 시스템이 잘 정비되어 있기 때문에 당연히 회사가 단기적인 계획과 더불어 장기적이고 체계적인 사업구조를 그려갈 수 있다. 더불어 인사, 재무, 마케팅, 영업 등 부서의 역할과 구별이 명확히 되어 있기 때문에 업무가 모호해서 생기는 일들의 문제점은 겪지 않을 수 있다. 반대로 중소기업은 윗사람들, 즉 임원들이 많이 없기 때문에 본인의 실력과 열정이 윗사람들께 바로 전달되어 업무가 보다 빠르게 정해져 일의 주도권을 가지고 일할 수 있다는 장점이 있다. 이는 마음 먹기 달린 것도 있고, 정답이 없는 부분이기도 해 말하기 어렵지만 이어 나가도록 하겠다.

직장도 운이 작용한다. 원하는 회사에 입사하더라도 자기가 원하는 부서에 배정을 못 받을 수도 있고, 설령 부서가 마음에 든다고 해도 상사와의 불화로 일이 힘들어질 수도 있다.
대기업이든 중소기업이든, 본인의 원하는 기준에 따라 어느 기업을 갈지를 판단해야 한다. 나라면, 직장을 선택하는 기준을 아래와 같이 설정할 것이다.

- 회사가 속해 있는 사업군이 성장하는 사업군인가?
- 시대의 흐름과 환경이 회사가 하려고 하는 일과 관련되어 있는가?
- 임원 및 사장님의 마인드와 경영 철학이 본인과 맞다고 생각하는가?
- 실제로 경영 철학대로 회사가 움직인다고 생각하는가?
- 내가 많이 배우고 성장할 수 있는가?

누구나 끝내는 자신의 길을 가야 한다. 모두가 다니는 회사의 사장이 될 수는 없다. 그러나 언젠가 자기가 가야 할 길을 가기 위해서, 자기가 하고자 하는 일을 하기 위해서는 당연히 배워야 하는 기간과 충분한 경험이 필요한 것이다. 사실 회사의 규모나 크기도 중요하겠지만, 누구와 함께 일하면서 어떤 상사에게 배웠는지에 따라 성장이 다르다. 실제로 나는 운이 좋게도 어린 나이에, 한스바이오 황 회장님에게는 획기적인 제품 개발에 대한 직관력과 미래를 보는 안목을 배웠고, 대웅제약 윤 회장님에게는 내가 앞으로 어떻게 성장해 나가야 하는지를 느꼈다. 10여 년의 기간 동안 회장님은 내가 어떻게 성장하고 커나가야 하는지에 관해 길을 알려주셨다. 즉. 누구를 만났느냐가 내 성장의 밑거름이다. 대기업도 물론 사람이 있겠지만 경영자(임원 등)를 직접 만나는 기회는 적을 것이고, 반대로 중소기업은 경영자를 만날 기회와 접촉이 많을 것이다.

사람은 어떤 사람을 만났는지에 따라 성장한다. 아버지가 뛰어나면 아들이 잘못되기 어려운 것처럼…. 그러니 내 주변에 좋은, 내가 배울 수 있는 사람을 찾아보자. 그게 회사를 옮기는 것보다 더 도움이 될 수 있다. 중소기업이든 대기업이든, 주위를 둘러보고 스승을 찾아보자.

직원을 뽑을 때 고려해야 할 점

지금 사장으로 재직 중인 ㈜한스바이오메드도 인재 풀Pool이 많이 넓어진 것 같다. 신입사원들에게는 회사의 내실도 중요하지만 보여주는 것도 중요한지 번듯한 사옥이 생기고 관리 시스템도 정비되고 나니 지원자들의 수도 늘어나고 자격들도 놀라울 정도로 좋아졌다. 식사를 위해 찾아가는 음식점이 맛도 중요하지만 음식 이외의 분위기, 서비스 등 다른 것들도 중요하듯 우리는 한 가지만 보고 판단을 내리지 않는다. 사람을 뽑을 때도 매한가지이지 않을까?

일단 나는 사람을 뽑을 때 인성이 좋은 사람을 뽑고 싶다. 내가 경험했던 많은 회사도 그러했고, 나도 이 부분이 가장 중요한 것이라 생각한다. 자신에 대한 사랑뿐만 아니라 남에 대한 배려가 있고 기본적으로 선한 사람이면 더욱 좋다. 『성공하는 사람들의 7가지 습관』에서 스티븐 코비가 얘기한 것처럼 좋은 나무가 되려면 그 근원의 뿌리가 좋아야 한다. 그렇다면 만약 실력과 능력은 있지만 부정적이고 불협화음을 만드는 트러블 메이커가 있다면 어떻게 될까? 팀워크와 조직을 위해서는 트러블 메이커가 없는 편이 좋다. 일단 성품이 좋고 인성이 좋은 것이 우선이다. 남들과 함께 지내지 못하는 트러블 메이커는 사절이다.

그다음 조건이 개개인의 능력이다. 능력이라는 것을 평가할 척도를 정한다면, 무슨 일이든 주어졌을 때 해낼 수 있는 지적인 능력, 혹은 배움의 능력이라고 보면 된다. 항상 운동을 하고 있는 사람에게는 새로운 운동이 어렵지 않다. 가르치면 그들은 금방 따라온다. 예를 들어 책을 매일 읽는 사람에게 참고 도서나 논문을 주고 정리하도록 시키면 금방 따라오는 것과 마찬가지다. 몸과 머리가 평소에 훈련된 대로 하는 것이기에 어렵게 느끼지 않는 것이다. 이렇듯 우리는 배우기 위해 준비된 능력, 다른 말로 학습능력을 가지고 있어야 한다.

왜 회사에서 입사 시 지원자들의 학점과 토익 점수를 보겠는가? 물론 그와 관련된 능력이 필요할 수도 있으나, 학점이든 토익 시험 점수든 꾸준히 노력해야 고득점을 받을 수 있는 것이기에, 높은 점수라면 지원자가 성실하고 무엇인가를 배우는 능력을 가졌을 것이라는 기대를 해보게 되는 것이다. 공부와 책 읽기 혹은 이해는 '의지'만으로 되는 것이 아니고 '실천'으로 옮겨야 하는데, 새해를 맞이해서 운동을 배우고, 헬스장을 나가려 하지만 2주만 지나면 지지부진해지는 사람과 같이 배움이 습관이 되고 생활이 되지 못하는 사람은 무슨 일이 있어도 새로운 과업이 더딜 수밖에 없는 것을 알 수 있는 것이다.

이렇듯 인성과, 능력(배움의 능력)을 우선 보고 같이 일할 사람을 뽑는다. 물론 특별한 능력이 없어도 좋다. 그러나 내가 꼭 물어보는 질문은 있다. 아마도 거의 대부분의 회사에서 물어보는 질문이겠지만 나에게도 가장 중요한 질문이다.

- 왜 우리 회사가 이 많은 지원자 중에 당신을 선택해야 하는가? (신입, 경력)
- 이직을 생각하게 된 이유는 무엇인가? (경력)

이렇게 지원자는 자신의 가치와 동기를 통해 면접관들을

설득해야 한다.

 최종까지 통과해서 들어온 직원들은, 이제 2차 평가인 인턴 기간을 맞이한다. 인턴 기간은 2~3시간 면접으로 알 수 없던 지원자들의 자질을 다면 평가할 수 있는 기간이 된다. 최소 3개월에서 6개월간 일하면서, 이 기간은 서로를 알아가는 과정이고 팀과 함께하면서 일을 해나갈 수 있는지 확인하는 시간을 가지는 기간이다. 인사팀은 이러한 과정이 매끄럽게 진행되도록 운영해야 한다. 가장 중요한 것은 인턴 등을 담당한 팀의 팀장이다. 3~6개월의 수습기간 동안 팀장들은 인사팀과 함께 향후 무엇으로 이들을 평가할 것인지를 미리 상의한다.

 팀장은 이 기간 동안 다음을 기준 삼아 관찰한다.

- 태도 (긍정적, 능동적, 출퇴근 시간, 대화 방법, 비즈니스 예절 준수 여부)
- 성과 (인턴 기간 중에 보이는 학습 능력과 업무에 대한 열정)

이렇게 객관적인 데이터를 통해, '인사가 만사'라는 생각으로 직원을 뽑고, 육성하며, 함께할 직원인지 아닌지를 가려낸다.

사장과 임원, 그리고 상사의 일은, 적합한 사람을 뽑고, 그들을 가르치고, 팀장이 되도록 하고, 최종적으로는 임원이 되게 하는 일이다. 결국 우리는 사람에 온전히 심혈을 기울여야 한다.

초급관리자(팀장)로서의 책임

능력 좋고 일 잘하는 많은 사람이 시간이 지나 이제 막상 팀원을 이끄는 팀장이 되면 뼈아픈 실패를 맛보게 된다. 늘 자기 뜻대로 팀원들이 따라올 수 없기 때문에 의욕만으로 리더의 역할을 할 수는 없다. 리더십 파이프라인을 기준으로 직책별로 보자면 사원, 주임, 대리급 직원들을 관리하는 초급관리자^{팀장}가 가장 어려움을 토로한다. 본인 스스로에 대한 평가뿐만 아니라 팀장으로서의 평가도 받아야 하고, 아직 성과까지 연결되기는 어려워 배움이 필요한 직원들의 팀장이기에 그렇다.

사실 이런 팀장들이 처음 겪게 되는 스트레스는 윗사람^{상사}이 아닌 밑의 직원들을 데리고 있으면서 받는 고통이다. 간혹 부하 직원의 업무 미숙은 이해가 되나, 성과에 대한 열정마저 부족해 보인다면 팀장으로서 참기 어려워진다. 또한 조금 잘한다는 고성과자가 팀보다는 자신의 자기 주장을 과도하게 할 경우, 신임 팀장은 팀의 분위기를 다루는 주도권을 버릇없는 1~2명의 고성과자에게 빼앗기고 만다.

그렇다면 팀장은 밑의 사원, 주임, 대리 등과 무엇을 해야 할까? 이들의 얘기를 들어주는 게 먼저일까? 우선 얘기를 들어주는 것을 코칭Coaching이라 한다. 코칭은 밑의 직원이 능력은 있는 사람이지만 현재 방황하면서 목표를 상실한 경우 돕는 과정을 말한다. 그러나 입사한 지 1년 미만인 직원인 사원이 이런 의지가 없다면, 선발부터 잘못돼 있거나 시스템의 문제라고 봐야 할 것이다. 이들에게 필요한 것은 우선 업무를 하나씩 하나씩 알려주는 티칭teaching이다. 가르쳐 주지 않아도 스스로 잘하는 경우는 대리나 과장급에서나 가능한 일이지 않겠는가? 먼저 신입사원들에게 회사의 목표, 팀의 목표, 개인의 목표를 명확히 설명하고, 목표를 달성하기 위한 전략과 방법은 무엇인지 토의하고, 이를 충분히 이해, 공감시키는 것이 팀장의 역할이다. 이 일을 해야 하는 이유에 대해서 명확히 이야기하는 것이 중요하다. 과업의 목표와 달성 방안을 설명하는 것도 중요하지만,

궁극적으로 왜 이 일을 해야 하고, 이 일을 했을 때 어떤 성과를 얻을 수 있는지에 대해 직원들과 시간을 내어서 토론하고 토의하자. 이 시간을 건너뛰면 오히려 일이 잘 안 되고 일의 방향이 산으로 갈 때가 많다. 좀 더 빨리 가려는 일이 오히려 역효과를 내는 것이다. 그래서 팀장은 매주 월요일, 혹은 금요일에 주간 보고를 통해 목표, 방향, 취지가 제대로 이루어지는지 눈으로 직접 확인해야 한다. 팀원은 아직 업무에 숙달되어 있지 않다. 이때 팀장이 직원들에게 알려줘야 하는 것이 바로 4사분면의 업무분류이다.

- 중요하고 급한 일
- 중요하지 않지만 급한 일
- 급하지 않지만 중요한 일
- 중요하지도 급하지도 않은 일

주변을 둘러보면 열심히 일은 하나 성과가 잘 안 나는 사람들의 특징이 위의 분류대로 일하지 않은 경우가 많다. 위에서 가장 먼저 해야 하는 일은 당연히 1번이다. 그러나 성과를 내기 위해 가장 중요한 것은 평소에 3번을 얼마나 해왔는가이다. 3번을 열심히 하다 보면, 1번 일이 줄어들게 되고, 시간이 지남에 따라 성과가 나게 마련이다. 반면에 2번 상황은 자주 오지 않게 만들어야 한다. 2번 일을 하는 것 자체도 문제지만 더욱 큰 문제는 2번을 하면서 시간을 보내는 것이 직원들에게 중요하게 여겨지는 비효율적인 일이 일어날 수 있기 때문이다. 회사 내에서 전화하고 팩스 보내고, 이메일 보내는 것이 중요한 것이 아니다. 이러한 행위도 우리는 '일'이라고 표현하지만 이 일은 절대로 '목표'에 다가설 수 없다. 따라서 팀장은 3번을 가장 중요시 여기도록 아랫사람을 가르쳐야 한다. 또한 4번의 일은 계속 쌓이면 외주를 주거나 해서 업무의 누적된 피로가 쌓이지 않게 하는 것도 좋겠다.

팀장은 업무를 직접 하는 사람이 아니라 아랫사람들을 통해 성과를 만들어 내는 사람이다. 많은 신임 팀장이 스스로를 업무를 잘하고 일을 잘 처리하고 유능한 사람이라고 생각하는 게 당연하다. 그러나 늘 역지사지의 생각을 품어야 한다. 아랫사람의 마음을 잘 헤아려줘야 한다. 특히 고성과자가 일찍 진급하여 팀장이 된 것이면, 더더욱 본인이 첫 신입사원으로 입사했을 때를 생각해야 한다.

팀장이 업무의 우선 순위를 매기면서 직원들과 소통해야

팀의 업무가 체계적으로 돌아간다. 스킬과 경험이 부족한 팀원들이 있을 수 있다. 그러나 가르치는 사람이 누구냐에 따라 배우는 데 걸리는 시간도 대폭 감소할 수 있다. 훌륭한 팀장은 밑의 팀원들에게 부족한 분야는 그 분야의 유경험자와의 지속적인 미팅을 통해 노하우가 공유되도록 네트워크를 만들어 줘야 한다.

케빈 캐시먼은 『내면으로부터 시작하는 리더십』이란 책에서 다음과 같이 말했다.

'리더가 갖추어야 하는 가장 중요한 자질 가운데 하나는 개방성이다.
새로운 시장 가능성에 대한 개방성, 새로운 학습과 전략에 대한 개방성, 인간관계에 대한 개방성, 새로운 업무처리 방식에 대한 개방성, 사람들로 하여금 가능성을 추구하도록 자극하는 것에 대한 개방성 등이 그것이다.'

팀장이 자기 팀을 자기 소유물이라 생각하여 군림하려 하고, 다른 부서나 팀과 담을 쌓고 자기들만의 방법을 고수해선 안 된다. 밑의 직원들은 회사를 통해 내가 위임 받은 사람들이지, 내가 소유하는 소유물이 아니다. 바보 같은 팀장만이 다른 부서랑 담을 쌓을 뿐이다. 누가 어찌하든 일을 잘하게 만들어야 팀장으로서도 본인의 일을 덜게 될 뿐만 아니라 자기가 맡은 팀의 실력이 늘어나니 결국 이익인데도 말이다. 팀장은 회사의 리더로서 직원을 육성해야 할 의무가 있다. 이렇게 직원이 길러져야 존경 받는 팀장이 된다.

항상 팀원에게 그 분야의 최고 권위자나 주변의 일 잘하는 사람에게 조언을 받게 하고, 업무를 하는 중간 중간 해당 분야의 책을 200여 권 정도는 읽어 스스로 일하는 역량이 길러지도록 바람직한 분위기를 만들어줘야 한다.

술 한잔 마셔주고, 회식을 많이 한다고 돈독해지는 것이 아니다. 직원들에게 존경을 받는 것을 목적으로 하자.

서광원은 『사장으로 산다는 것』에서 다음과 같이 쓰고 있다.

"리더란 냉혹함과 인자함, 이 모순된 양극을 함께 지니고 있어야 한다."

양극단에 서는 것은 부담스런 일이다. 그러니 사안에 대한 정확한 이해와 판단을 토대로 인정을 베풀며 호감으로 다가설 일과, 냉정함을 가지고 엄격히 다루어야 할 일을 잘 구분해야 한다.

막연한
믿음의 경계

 회사를 믿는가? 무엇을 믿는가? 무엇을 믿는지 말해 보자. 우리는 보는 것을 믿는 것인지? 아니면 믿는 것을 보는 것일까? 우리는 때로 속았다고 한다. 그럼 사실이 날 속였을까, 아니면 내 기대가 날 속였을까?

 일단 일, 회사, 사람에 대한 믿음에 대해 얘기가 필요할 것 같다. 회사는 일단 직원을 뽑는다. 물론 계약직이 아니라는 전제하에. 특히 우리 분야는 계약직이 많이 없기 때문에 그 분야를 잠시 빼놓는다.

 회사는 우선 직원을 믿는다. 담보를 요구하지 않는다. 물론 인적, 물적 담보를 요구하기는 해도 이것은 피해를 끼쳤을 때만 발생하는 것이고 일단 직원을 믿고 일을 준다.

회사의 일원이 아닌 회사 사장으로서 은행에 가면 엄청난 담보를 요구하고, 통신사 하나 쉽게 가입이 안 되지만, 직원의 경우에는 일단 회사는 직원을 믿는다. 그러나 이제부터 문제가 생기기 시작한다. 신입 사원과 직원들은 약속한 연봉, 휴가, 연차, 복리 후생 등이 제대로 주어지지 않으면 회사를 불신한다. 회사의 이익과 매출이 감소되면 약속한 것이 만족스럽게 지켜지지 못하는 것이지만 거기까지 이해해 줄 직원은 많지 않다. 물론 회사도 똑같다. 직원이 목표와 성과를 달성하지 못하는 경우 약속을 지키지 않는다고 생각한다.

이렇게 회사, 팀장, 팀원 사이에 불신이 생긴다. 그리고 부정적 확신을 만들고 계속 생각하는 사이에 믿음이 부동의 사실로 굳어지고 퇴사를 생각하는 시점까지 온다. 그럼 무엇이 잘못되었는가?

믿음과 바람을 100으로 한다면 이것이 문제다. 자기 자신이 남에게 하는 요구는 누구에게 하든 80으로 해야 한다. 즉 남이 하는 일이 80이어도 만족해야 한다.

그럼 나 스스로에 대한 평가는 어떻게 해야 할까? 120이면 100으로 평가한다. 나를 평가할 때는 훨씬 냉혹하고 냉정하게 평가해야 한다. 즉 남의 기대와 나의 기대 사이에 40이 존재하는 것이다. 이게 버퍼^{Buffer}다. 이 버퍼가 충분하면 화를 내거나 배신감 같은 기분이 줄어든다. 즉 회사에 바라는 것을 줄이고, 직장에 바라는 것을 줄이고, 팀장에게 바라는 것을 줄일 수 있다. 이렇게 하면, 조금씩 행복과 여유가 찾아온다. 그리고 자신에 대해서는 엄격하기 때문에 도덕적 문제나, 성과에 대한 결과에도 겸손해질 수 있다.

이렇게 일을 하면 손해를 볼까? 사장과 임원은 20~30년간 사람만 바라본 사람이다. 자기 자신의 평가는 120으로 하고 남을 80으로 평가하는 사람을, 그리고 그 반대인 사람을 구별 못 할 것 같은가? 회사에서 가끔 능력이 좋은 사람이 진급하는 것이 아니라, 겸손하고 남을 배려하는 사람이 승진하는 것을 보게 된다. 일단 우리는 남과 함께 숨 쉬고, 협력하고, 소통하는 것에 더 많은 점수를 주는 문화를 가졌다.

어떤 팀장이 직원한테 속았다면서 씩씩거리면서 왔다. 직원이 그만두고 다른 회사 갈 준비를 하고 있었고, 인수인계가 사규^{회사 규칙}로 1달인데도 일주일 만에 나간다며 엄청 스트레스를 받으면서 어떻게 해야 하냐고 나에게 찾아왔다. 그 직원은 일주일 전에 술도 같이 마시고, 같이 열심히 하자며 으쌰으쌰까지 했다고 얘기하면서 말이다.

나의 답변은 이랬다.

우선 자네^{팀장}는 너무 많은 기대를 했다. 직원은 회사를 다닐 수도 있고 그만둘 수도 있는 사람이다. 자유가 있는 것이다. 사람이 수십 년을 같이 살다가 헤어질 수도 있는 판에 직원 나가는 것에 상심하지 마라. 세상에 슬픈 일은 그것보다 100배는 많다. 두 번째, 자네는 주간 보고, 월간보고, 현장 확인을 매주 할 테고, 거래처 관계도 다 알고 거래처 상황을 직원보다도 많이 알 텐데, 무엇이 걱정인가? 직원에게 일만 맡겨놓고 놀러 다닌 것도 아닌 것을 왜 직원이 그만둔다고 힘들어하는가? 직원에게 의지해 자네의 역할까지 넘겨줘서, 다시 자네 업무가 많아질까 걱정하는 게 아닌가. 직원에 대한 믿음이 아니라, '직원이 알아서 잘하겠지'라는 본인의 막연한 기대감을 포기할 수 없는 게 아닌가?

으쌰으쌰 한 것을 믿었다면 술기운을 믿었다는 것이다. 자네는 거래처의 만족도, 방문현황, 신규처 상황, 중단거래처의 변동 상황 등을 확인해서 얻어진 데이터^{data}를 믿어야지, 술자리를 믿었다는 것은 신을 믿은 것과 다름이 없지 않은가? 충분히 자네는 그 직원이 그만둘지를 사전에 알 수 있었어야 한다.

사람들은 사실 자주 막연한 것을 믿는다. 그냥 위험이 닥치지 않았으면 좋겠다는 막연한 기대를 가진다. 그 생각은 믿음이 아니라 사실 미신에 가깝다. 믿음은 철저한 준비와 성공 경험이 합쳐져서 만들어지는 것이다.

너 나 믿니? …. 그것은 만남의 과정에서 수많은 시간 동안 쌓여야 나오는 결과이지 생각만으로 되는 것은 아니다.

예의를 갖추는
비즈니스 에티켓

일을 열심히 해도 미움 받는 사람이 있고 일을 그렇게 잘하지 못해도 많은 것을 얻는 사람이 있다. 스페인을 대표하는 철학자 발타자르 그라시안은 『세상에서 가장 이기적인 조언』이란 책에서 이렇게 말했다.

"적게 노력하고 많이 얻는 가장 쉬운 방법은 그저 예를 갖추는 것이다."

일단 일을 시작한다면 예의 바른 사람이라는 딱지를 얻는 것이 중요하다. 10여 년 전에 내가 영업하던 시절, 서울 길동에 노민관 가정의학과라는 병원이 있었다. 원장님을 만나 보니, 내가 졸업한 중동 고등학교 선배였고, 영업을 계기 삼아 친하게 지냈었다. 그런데 그 시절 기억에 잊

히지 않는 일화가 있다.

 얘기를 나누고 이제 "감사합니다. 안녕히 계세요"라고 말한 후 '꾸벅' 인사를 하고 나가는데 원장님 표정이 썩 좋지 않았다. 그래서 다시 자리에 앉아 물었다.

 "혹시 제가 실수한 것이 있을까요." 그러자 뜻밖의 대답이 돌아왔다. "자네가 잘될 수 있는 사람인 것 같아서 하는 조언이야. 고개 숙여 인사할 때 항상 천천히 인사를 해 봐. 인사를 하는 것을 보면 건성으로 한다는 느낌이 들어." 돌아와 거울을 보니 과연 내가 인사하는 것이 고개만 까딱까딱하는 것 같았다. 지금까지 내 행동이 어떻게 보였을지 생각하니 귀가 뜨끈했다. 그 이후 나는 고객과 인사를 할 때 약 2초 정도 한다. 2초는 꽤 긴 시간이다. 마음속으로 2초를 세고 몸을 일으켜 보자. 훨씬 예의 있어 보인다. 그리고 실제로 겸손해야 한다. 겸손하게 보이는 것, 그리고 실제 겸손한 것이 인간관계의 근본이다.
 나는 이때의 일로 비즈니스 예절에 대해 관심을 갖게 되었다. 옷은 어떻게 입고, 웃을 땐 어떻게 웃고, 서류는 어떻게 준비해야 하는지, 말은 어떻게 바르게 하는지. 나를 바라볼 사람들의 시선으로 나를 또 바라본다는 것!

- 관련된 모든 사람들(내가 영업하고 있는 주변인까지)에 대한 진심 어린 인사 건네기
- 최소한 직원들의 이름과 생일 등을 기억하기
- 약속한 사항 즉시 이행하기(안 되는 일이라도 진행과 결과는 신속한 피드백)
- 항상 약속 시간 20분 전 도착하기
- 약속 시간이 늦으면 최소 30분~1시간 전에 양해 구하기(상대방이 시간을 맞출 수 있도록)
- 처음부터 무리한 약속하지 않기
- 술 마실 때 과도한 약속은 금물. 다음 날 모든 것을 기억할 수 있다면 약속하고….
- 자기 업무는 나중에, 팀과 남과 함께하는 일을 먼저 하기
- 자기보다 나이 어린 사람이라도 반말하지 않기
- 타 부서의 신입 직원이라도 존칭하기
- 윗사람에게 잘하고 아랫사람에게 막 하지 않기
- 회식은 항상 사전에 약속하고, 동의를 구하기

도로 위에서 실수를 해도 인사 대신 비상 깜박이 3~4회 이상이면 대부분은 용서가 된다. 비즈니스도 마찬가지로 영업사원의 의무가 있다. 골프를 칠 때도 예의 없는 사람과 치기가 싫듯, 사업에서도 예의가 없는 사람과는 뭐든

하기 싫은 법이다.

  예절을 지키는 것은 언제나 손해 보지 않는다. 예의란, 인사, 약속, 언행일치, 예절 등을 모두 포함한다.

  이런 원칙을 만들면 스스로 그 원칙에 탄력을 받는다. 관계는 즐거운 것이다. 겸손하고 즐거운 관계를 스스로 만들어 즐길 수 있다면 어느새 회사 생활이 자연스러워질 것이다. 요사이 일과 꿈, 생활의 양립이 젊은이들 사이에서 유행이다. 'Work and Life Balance.' 일과 삶의 균형을 뜻하는 신조어 '워라밸'을 맞추는 것이 어려운 게 아니다. 회사에서 자연스럽게 관계의 즐거움을 찾으면 저절로 얻어지는 것이다. 그를 위해서는 원만한 태도가 필요한데 그 양분이 곧 겸손이다. 이런 좋은 습관이 평생을 간다.

  대인 관계의 가장 중요한 이 예의와 겸손을 어떻게 배양하면 좋을까? 겸손은 겸손한 척하는 게 아니라 진심으로 양보하고 자신을 낮추는 마음이다. 단순하게 말할 것은 아니지만 일단 '마음'을 먹자. 내가 잘난 게 아니라 부모님의 도움으로 공부해서 여기까지 왔고 대학에서 많은 배움과 도전으로 이 회사에 입사했고, 운이 너무도 좋아서 몸

건강해서 여기서 이 일을 하고 있다. 즉 내가 잘나서 온 게 아니라 세상의 수많은 감사한 사람들 덕분에 이렇게 하고 있다고 생각하는 것이다. 실제로 그렇고 말이다.

 사실 인생은 우연의 연속과 나의 노력이 시너지를 내는 것이다. 나 자신이 내세울 것이 없으면 겸손하게 된다. 주변의 도움으로 나라는 실체가 만들어졌고, 실제가 그렇다고 생각하자.

조직의 철학과
가치의 중요성

직원이 항상 내 마음 같을 수는 없다. 능력 있는 직원이 갑자기 그만두는 상황이 있기도 하고, 그나마 열정이 있었던 직원들의 열기가 한순간에 식을 때도 있다. 직원들이 등을 돌리거나, 혹은 팀장을 따돌리는 상황이 올 수도 있다. 팀장들은 매 순간 '팀장이란 무엇인가'에 대한 고민을 화두처럼 들고 있어야 한다.

팀과 조직을 관리함에 있어 가장 중요한 것은 회사의 철학, 리더의 철학, 나의 철학이다. 팀장, 부장, 사업부장, 즉 리더가 소신 있게 가지고 있는 철학이 중요하다. 이러한 철학을 쉽게 표현하여 회사의 중심 가치, 핵심 가치라고 표현을 하기도 한다.

회사의 핵심 가치, 즉, 코어 밸류Core value가 고객 서비스

만족, 품질 1등 주의, 협업, 소통을 통한 의사 결정 등등 무엇이 되었든, 리더는 회사, 조직, 팀이 목표를 달성하기 위해서 회사와 본인의 철학을 조직원들에게 공감시켜야 한다. 조직은 정신적 가치를 공유함으로써 유지되는 부분이 상당히 크기 때문이다.

공유되는 조직가치는 끊임없이 회사 전체에 구석구석, 어느 부서나 심지어 인턴, 아르바이트생에게도 공유되고 공감되어야 한다. 벽에만 붙어 있는 표어가 아닌, 일을 하는 순간순간, 누군가와 만나는 모든 순간에 조직원의 의사소통의 기준이 되어야 한다. 이러한 정신적 가치를 중요시하는 회사는 오래 기억되고, 내실을 다질 수 있다. 만약 '새로운 지식을 익히고 배운다'는 핵심철학이 있다면, 전 직원들의 주간, 월간 회의 때 어떻게 우리가 이를 실천해 나갈지에 대해 편하게 얘기하고 공유하는 시간을 가져야 한다.

이러한 조직의 핵심 철학과 가치가 지속적으로 반복되고 교육되어야 한다. 편안하다고 느껴질 때까지 직원들의 마음속에 자리 잡고, 조직 철학과 가치대로 일을 하면 공정하게 평가를 받을 수 있게 되어야 한다. 혹시 1~2명의 불합리한 팀장과 사업부장이 있더라도, 결과는 모두에게 공정하고 공평하게 돌아가야 한다.

다음으로, 목표를 공유하고 이 목표를 달성해야 하는 이유가 명확해야 한다. 마치 나침반과 같이 리더는 조직이 가야 하는 방향을 정하고 그 방향이 왜 중요한지에 대해 객관적 근거를 통해 조직원을 공감시키고 소통해야 한다.

목표에 대한 충분한 논의와 토론이 없이 그냥 하는 일, 즉 일을 위한 '일'을 하는 것에는 나침반이 없다. 일하는 것이 지겹거나 하기 싫다면 목표를 달성해야 하는 이유가 없는 것은 아닌지 스스로 혹은 주변에게 물어봐야 한다. 회사에는 사실 수많은 그리고 끝도 없는 일이 있다. 세부적인 목표와 목표의 당위성이 없는 일은 하고 있지만 '목표를 달성하는 일'이 아닌 '일을 위한 일'을 하는 것이다. 당연히 그런 일은 성과로 연결될 수 없다. 어떤 성과가 나올지 모르고 일하는 것인데 이게 잘되는 게 더 어렵지 않겠는가? 만약 농구 게임, 축구 게임을 즐기는 학생들에게 골대를 없앤다면 어떤 느낌이 들겠는가? 조직이 골대와 같이 목표를 보여주고, 어떻게 하면 게임에 이길 수 있는지에 대해 논의할 때 목표를 달성하고 골을 넣을 수 있는 것이다.

어떻게 하면 게임에서 이길 수 있고, 게임을 잘 운영할 수 있는지에 대해 얘기를 나누어야 한다. 이런 시간이 늘어나면 직원들의 눈빛이 바뀌는 것을 볼 수 있다. 다는 아니지만 이렇게 눈빛을 바꾸는 확률을 30%만 가져도 충분히 능력 있는 팀장의 자질을 갖추었다고 생각한다.

그러나 가끔, 시장 상황과 환경이 좋아서 목표 설정이 명확하지 않아도 결과가 좋을 때가 있다. 이건 스스로 내 능력이 아니라고 생각해야 한다. 이런 결과에 마치 내가 해낸 것처럼 우쭐거리면 안 된다. 어떻게 하다 보니 결과가 나온 것은 자신의 능력이 아니다. 살다 보면 공짜도 당연히 있고 운도 있다. 이러한 우연한 결과에 자신을 과대평가하지는 말자.

목표를 구체적이고 실현 가능하게 만드는 것은 조직 관리에 매우 중요하다. 즉 조직은 명확한 목표를 가지고 뛰게 할 때 적극적으로 움직이게 된다.

이렇게 '조직 철학'과 '구체적인 목표'가 설정되면, 팀장급 이상은 관련 부서와의 업무 효율을 위해 전략을 구체화시키는 데 전폭적인 협조가 이루어지는지를 조율해야 한다. 그러니 전사적 목표, 사업부별 목표, 팀별 목표가 제대로 짜여 있는지 확인하는 준비 시간과 작업의 양은 당연히 많을 수밖에 없다.

잘되는 조직은 계획을 짜는 '준비 작업'에 공을 많이 들인다. 많은 고민이 들어간 목표와 전략은 처음에는 조금 느리더라도 크게 잘못되거나 전부 리셋되는 등의 시간 낭비 없이 움직이게 된다. 그러니 이때 들이는 시간을 아까워하지 말아야 한다.

위에서 말한 철학과 조직의 정량적 목표설정이 바로 조직을 움직이기 위한 키Key다. 그리고 마지막으로 한 가지를 더한다면, 팀장은 세워진 목표가 실제로 실천되고 있는지 현장을 수시로 확인해야 한다. 즉, 고객과의 많은 미팅을 통해 '소통'의 시간을 늘려야 한다. 성과는 이러한 고객과의 만남의 시간에 비례한다. 지속적으로 고객들을 만나고 얘기를 하다 보면, 왜 팀장급 이상에서 고객을 만나는 게 중요한지 알게 된다.

사장도, 임원도 반드시 자기가 관리하는 거래처에 늘 귀를 열어놓아야 한다. 조직의 철학적 가치가 내재화되어 팀과 개인의 목표가 고객에게 실천되는지를 현장 확인해야 한다.

직원들이 회사의 기준보다 진행이 더디거나 결과를 못 만들 때는, 야단을 치는 것보다 어떤 부분이 문제여서 일이 제대로 진행이 안 되었던 것인지, 전략을 제대로 숙지를 못 했던 것인지를 근본적으로 파악해야 한다. 원인을 모르는데 문제를 어떻게 해결하겠는가? 직원을 질책하는 게 아니라 어떻게 더 직원들의 눈높이에 맞게 정리를 해줘야 하는지 팀장이 스스로에게 질문을 던지고 고민해야 한다. 특히 직원들은 주어진 일을 왜 해야 하는지, 어떻게 하면 되는지를 잘 모른다. 팀장은 계획한 전략의 성공 여부를 확인해보기 위해 나와 친한 곳 30%, 나랑 관계가 보통인 곳 30%, 나와 관계가 아예 없는 곳 30%의 전수 조사를 해서 결과를 우선 예측하고, 직원들이 앞으로 부딪칠 일에 대해 먼저 겪고 직원들을 준비시키는 게 좋겠다.

조직을 이끌어가는 것은 말처럼 쉬운 일이 아니다. 팀장은 누구보다 따뜻한 마음을 가지고 못난 동생을 이 어려운 사회, 고난의 시기에서 살아남을 수 있게 가르치고 공부시킨다는 마음으로 직원을 대해야 한다. 쉽지 않지만 사람을 키우는 일이 팀장의 가장 중요한 역할 중에 하나임을 잊지 말자. 자식을 가르치면서 오히려 부모가 배운다는 말도 있지 않은가?

3장

사장이 직접 알려주는 영업 마케팅

마케팅과 영업전략

마케팅 팀의
역할 1

 지금은 사장의 길을 가고 있지만 내가 사회에 나와서 마케팅 팀에서 일을 시작했을 때가 아마 2003년인 것 같다. 마케팅이란 분야는 하면 할수록 느끼지만 힘든 분야 중 하나다. 직원들 중에서도 마케팅 팀에서 일하는 사람들 이야기를 들어 보면, 때론 이게 영업비서인지, 관리팀인지, 학회 행사를 하는 곳인지 구분을 못 하겠다고 얘기들을 많이 했다. 특히 중소기업을 운영할 때는 마케팅 자체에 비용과 시간을 투자하는 게 만만치 않다.

 우선, 마케팅은 다른 제품과의 '차별화'를 첫 번째 목적으로 한다. 그다음 고려해야 할 것이 '구체적으로 어떤 부분을 차별화할 것이냐'이고, 결과적으로 이 차별화한 콘셉트를 고객에게 반복적으로 주입하는 것이 마케팅이다. 이 반복 노출의 과정에는 브로슈어, 학회발표, 광고, 세미나, 홍보 등이 이용된다. 그러나 우리나라 여러 의료기업의 마케터들은 그냥 의료 기기, 의약품 브로슈어나 만들고, 그냥 학회에 나간다. 3~5년 정도 그 일을 하고 나서는 자기가 마케팅 팀에서 일했고, 경험이 많다고 얘기한다. 즉 무엇을 차별화할 것인가? 왜 그 부분이 차별화된 것인가?라는 내용 없이 남들도 다 하는 일만 하는 것이다.

우리는 수많은 광고 속에 매일매일 세뇌 당하고 있다. BMW, 벤츠, 마세라티 등을 타면 마치 성공하고, 더 여유롭고, 남보다 나아질 것이라는 착각, 그런 긍정적인 이미지를 사면서 말이다. 그러면 어떻게 그러한 '차별성'을 주입하는 것일까? 『디퍼런트』문영미 지음라는 책에 그 예시가 있다. p153

마케터는 "브랜드 전도사"의 얘기에 집중해야 한다. 인앤아웃 버거와 같이 모든 소비자가 이들 브랜드를 좋아하는 것은 결코 아니다. 하지만 브랜드를 선호하는 소비자들은 대부분 브랜드에 대한 대단한 열정을 가지고 있다. 그리고 브랜드 충성도를 구축하기 대단히 힘든 카테고리에서도, 이런 브랜드들은 놀랍게도 열정과 충성으로 가득 찬 소비자를 거느리고 있다.

즉 마케팅 내에 PM편집자 주: 프로덕트 매니저, 시장성 확인과 마케팅 계획, 예산 집행 등 제품 생산에 관한 총책임자. 이하 PM은 이런 몇 안 되는 소수이지만 자기 제품에 애착을 가진 사람들의 말을 정리해야 한다. '이 고객들이 우리 브랜드를 어떻게 다른 사람에게 떠들어대게 하는가?' 이것이 핵심이다.

우리 회사에 'Bellagel'이라는 가슴 보형물이 있다. 정말 좋은 제품이나 우리의 경쟁 상대가 만만치 않다. Allegan은 20조 내외 정도를 하는 회사이고, 존슨앤존슨은 100조 정도의 회사이다. 나는 BNS Med에서지금의 한스바이오메드의 판매법인 고작 50억 내외 정도의 규모로 이런 기존의 회사들과 브랜드로 경쟁해야 하니 처음부터 만만한 것이 아니었다. 그래서 이 업계에서 유명한 설철환 원장JW 정원 성형외과, 윤원준 원장미고 성형외과, 최문섭 원장그레이스 성형외과, 심형보 교수순천향 대학교, 허찬영 교수분당서울 대학교 등의 분들에게 거의 매일 자사 제품의 차별화 포인트를 자문 받았다. 그리고 우리의 콘셉트를 만들었다. '동양인을 위해 전문화된 보형물, Bellagel'이라는 세부적 카테고리Category를 통해 서양인에 비해 상대적으로 가슴이 작고, 어깨 넓이가 좁은 여성들을 위한 보형물이란 콘셉트로 시장에 파란을 일으켜 점유율을 12%까지 끌어

올리게 되었다. 지금은 벨라젤 마이크로라는 신제품 출시로 기존의 보형물에서 한 단계 진화된 촉감과 안전성을 모두 갖춘 제품을 런칭하면서 23% 이상의 시장 점유로 국내 시장 1위가 되었다. 전 세계에서 위에 언급한 큰 두 회사를 제치고 우리 회사처럼 '벨라젤 가슴 보형물'이 1위를 하는 경우는 제품을 생산 판매하는 13년 동안 처음 있는 일이었다.

결국 우리는 차별화 포인트를 만들었고, 이를 홍보하는 데에 집중했다. 마케터들은 매일매일 어떻게 남들과 다르게 포장하느냐가 메인 업무이다. 그냥 열심히 한다고 마케팅이 되는 것은 아니다. 마케팅은 현장에서 고객들과 만들어 가는 것이다.

경쟁사를 너무 신경 쓰다가는 고객을 놓친다. 우리 제품에 열광하는 사람들^{고객}과 함께 만들자. 특히 우리의 고객^{마니아}들은 우리 제품만 잘 아는 게 아니라, 경쟁사의 제품을 잘 알고도 우리를 선택한 합리적인 마니아들이다.

다음은 '시장에서의 파급력을 충분히 신경 쓰고 있는가?'에 대한 물음을 던져 준다.

〈란체스터-후나이의 점유율 법칙〉

7% 존재쉐어: 시장에서 자신의 가치를 인정받기 위한 최소치

11% 영향쉐어: 자신의 존재가 시장 전체에 영향을 주기 시작하는 수치

15% 우위쉐어: 기업이 도약 기반을 갖추기 시작하는 수치

26% 톱쉐어: 쉐어 우선 전략 시 이익을 얻기 위한 최저 수치

31% 과점화쉐어: 과점의 단계로 진입하는 수치

42% 과점쉐어: 압도적으로 유리해지기 시작하는 수치

74% 독점쉐어: 경쟁자 수와 상관없이 절대적으로 안전해지는 수치

시장에서 나의 위치가 어디인가? 또 그에 따라 전략은 어떻게 수정하는가? 경쟁사가 우위인지, 내게 위협은 되는지, 된다면 위기를 모면하고 이겨나가는 것은 어찌해야 하는지…. 포지셔닝 과정에서 도출되는 값들은 나와 시장에 대한 구체적인 실마리이자 경쟁 상대에 대한 연속적인 힌트다. 확인하자. 이것은 수치화된 현장이며 당신의 활동 무대다.

마케팅 팀의
역할 2

 마케팅 팀은 어찌 보면 일을 해도 티가 안 나고 안 해도 티가 안 나는 부서 중 하나다. 그래서 마케팅 팀에 있으면 실력은 쌓이는지 모르겠고, 경험만 늘어가는 것 같다고 하는 직원들이 많다. 도대체 마케팅 팀이 어떤 역할을 하는 팀인가? 게다가 의약품, 의료 기기는 의료법의 한도 내에서 광고, 홍보를 해야 하기 때문에, 마케팅을 자유롭게 할 수 없는 분야이다.

 그러나 나는 그럼에도 끊임없이 길을 개척해야 한다고 생각한다. 영업은 길을 만들지만, 그 길을 기획하는 것은 마케팅에서 해야 할 일이다.
 일단 마케팅 하는 사람을 마케터라고 한다. 연구소에서 온 마케터는 연구 중심으로 일하고, 영업에서 마케팅으로

온 사람은 영업 중심으로 일한다. 백그라운드 지식이 반영되곤 하는 것이다.

"제품의 특장점과 다른 제품과의 차별성을 발견하고 만약 발견할 것이 없다면 만들어 내고 이를 고객^{의사}들에게 효과적으로 전달하여 회사의 점유율^{Market Share, 이하 MS}, 매출과 이익을 증대시킨다."

이것이 마케터의 역할이다.

마케터에게도 가장 중요한 것은 제품이다. '제품'이 좋지 않은데 마케팅에 돈을 많이 쓰면 안 된다. 실제로 생각보다 고객은 우리의 몇 배 이상 똑똑하기 때문에 마케팅 때문에 제품을 구매했다고 하더라도 제품이 좋지 않으면 절대로 '재구매'를 하지 않는다. 즉 마케팅으로 성공한 제품이라 하더라도 제품의 특장점과 차별화가 있어야 재구매가 일어나는 것이지, 마케팅만으로 성공할 수는 없다. 기본은 제품력이다. 그러면 '차별성'은 어떻게 만들 것인가?

우선 마케터는 그 분야 제품의 권위자를 10명 정도 찾아가야 한다. 항상 말했듯이 나와 관계가 좋은 곳, 나랑 관계가 보통인 곳, 나랑 관계가 아예 없는 곳으로 3:3:3의 비율이 좋다. 그래야 통계적으로 유의미한 결과를 볼 수 있다. 만약 권위도 있고, 친절하기까지 하신 분을 만나게 된다면 너무나 감사한 은인이라 생각해야 한다. 이렇게 제품의 적응증과 사용 방법을 기록해 나가야 한다.

그다음은 정리의 단계다. 특히 의료 기기는 의약품과 달라서 의사선생님의 숙련Training과 수술 혹은 시술의 방법에 따라 결과가 다를 수 있다. 각종 병의원에서 몇 케이스case를 시행했고, '누적된 수술 결과는 얼마다'와 같은 홍보를 하는 것이 이 때문이다.

이 단계가 끝나면 마케터와 영업소장팀장들이 회의를 거쳐 정리된 사례를 자료화하여 팀장 거래선고객들과 직접 만나 얘기해 본다. 만약 이때 30~40% 이상의 고객들이 정리된 마케팅의 전략 내용을 이해하고, 제품의 특성과 결과에 동의하면 많은 부분이 진전된 것이다.

예를 들어 지금 한스바이오메드에서 판매하고 있는 민트Mint리프팅 실FDA허가, 국내 최초 리프팅 허가 인증을 팔 때도 마찬가지였다. 먼저 국내의 유명한 성형외과 등에서 제품을 시연하고, 이 제품의 사용 경험을 공유하게 했다. 매번 학회 때 소장과 PM이 얘기하는 것으로만 그치지 않고 그 분야의 전문가들이 정리해 준 내용을 통해 우리 제품의 우수성을 알렸다. 당연히 광고 자료 자체보다는 전문가의 후기를 더 믿는 것처럼 제품의 메인 적응증과 사용경험이 알려지자 폭발적인 매출성장을 이룩해 지금은 약 40여 개국에 수출하는 효자 제품이 되었다. 또 미국, 브라질 등 전 세계의 의사들이 모여 더욱 많은 사례와 내용을 공유하는 'Mint Expert Meeting'까지 만들어, 이제는 집단 지성의 힘으로 계속해서 성공적인 수술법과 내용이 공유되니 더 힘을 받게 되었다.

전문가 집단이 정리된 전략으로 일을 착수시킨 다음에는, 일이 진행되는 것을 매일, 매주, 매달 체크를 한다. 즉, 목표를 향한 전략이 수립된 대로 잘 실행되는지 보는 것이다. 이때의 판단 기준은 MS^{Market Share}, 매출, 이익이다. 이 3가지를 다 갖추어야 한다.

단순히 매출을 위해 제품과 마케팅에 집중하지 않고 직원들의 인센티브에만 치중하게 되면, 본질을 왜곡시킬 수 있다. 인센티브로 사람을 활용하고자 한다면 연봉의 30%

는 더 줘야 한다. 사실 부작용 중 하나가 인센티브를 안 주면 일을 하지 않겠다는 말이 나오는 것이니 조심스럽게 접근해야 할 것이다.

매출과 이익은 되는데 MS가 떨어진다면, 사실상 시장 성장성에 못 다가가는 것이고, MS는 넓어지는데 이익이 안 남는다면, 가격을 너무 낮게 책정한 것이다. 그리고 매출이 늘지 않는 것은 새로운 고객층이나 적응증 확대가 못 일어나기 때문이다.

위의 요소를 다루는 일을 하는 것이 마케팅 팀이다. 그러나 많은 마케팅 팀은 판촉물 작업, 문서 작업, 통계 데이터 작성 등 영업 지원 부서의 역할을 한다. 그리고 더욱 문제는 그 관리 업무가 자기들의 업무라고 오판하고 있는 것이다.

자기가 하고 있는 일의 목적과 취지, 목표, 방향성을 늘 점검해야 한다. 그 과정이 어긋나는 순간 내리막길을 향해 가는 것이다. 오늘 MS, 매출, 이익이 증가되고 있는가? 매일 자신과 팀을 봐야 한다.

영업지원과 마케팅은 다른 역할을 한다는 것을 명심하자.

판매 가격의 결정 요인

의약품을 판매하는 데는 사실 가격의 민감도가 약하다. 의약품의 경우에는 국가에서 약가^{같은 말: 약값}라는 것을 정하기 때문에 Product, Promotion, Place, Price의 4P 마케팅 전략에서 사실 가격^{Price}이라는 항목을 제쳐두고 마케팅을 전개하게 된다. 오리지널 제품의 가격이 산정되고 나면, 그다음 출현하는 제품은 통상적으로 오리지널의 80%에서 매겨지니 차라리 가격을 가지고 경쟁하는 느낌은 들지 않아 편할 수도 있다.

그러나 내가 맡아오던 미용 성형 분야는 비보험 분야라서 판매 가격이 여간 신경 쓰이는 게 아니다. 즉, 가격 설정을 어떻게 할까 고민이 많다.

누구나 비싸게 팔고 싶어 한다. 그러나 사람들은 비싼 이유를 물어볼 것이다. 특히 처음 보는 브랜드의 신제품이라면 브랜드의 가치가 작기 때문에, 왜 가격이 높은 것인지 이유를 묻게 된다. 즉 고가 마케팅을 하기 위해서는 소비자에게 비싼 이유를 납득시켜야 한다.

- 제품의 품질이 우수한가?
- 그 제품의 사용 후의 효과, 결과가 단, 장기적으로 좋은가?
- 해당 분야의 많은 대가(Professional)들이 그 제품을 이미 사용하는가?
- 내가 굳이 마케팅을 하지 않더라도 환자들이 충분히 아는 브랜드의 제품인가?

예를 들어 한스바이오메드^{판매사 비엔에스메드}에서 민트리프팅이란 제품^{다른 제품과 달리 FDA허가를 받은 제품임}을 타 제품 대비 2배~3배의 가격으로 받았을 때, 가격 저항은 없었다. 그러나 문제는 넷째 항목에서 찾아왔다. 물론 세 번째 항목으로 보완을 하면 넷째 항목이 충족되는데 우리 분야의 특성상 의사분들이 제품이 좋다고 인정하더라도, 환자들은 잘 모를 수 있는 것이다.

우리 스스로가 마케팅을 열심히 한다고 고객들이 회사의 말을 곧이곧대로 들을까? 항상 반은 의심하고 듣지 않을까? 비록 광고와 홍보의 노출빈도가 높을수록 인지도는 생기겠지만, 예산은 한계가 있기 때문에 무작정 계속 그렇게 할 수는 없었다.

사람들은 제품을 살 때 사용 후기, 혹은 전문가의 의견을 많이 물어본다.

우리는 이 점에 착안하여, 각각의 병원에서 우리 제품의 사용을 극대화하는 것을 마케팅 전략으로 삼았다. 그렇게 해서 환자의 시술 결과가 좋아질 때, 당연히 병원^{Clinic}은 우리 제품의 우수성 덕분에 시술이 잘되었음을 마케팅적으로 홍보할 것이고, 우리로서는 자연스레 최고의 마케팅이 가능할 것이다. 우리 제품을 사용하는 유명 병원, 대형 병원에서의 효과의 검증은 다른 병원에도 소문이 퍼진다. 그 이후에는 가격에 대한 질문조차 잘 오지 않게 된다.

물론 경쟁사의 등장은 가격의 하락을 가져온다. 우리 민트리프팅도 오리지널 제품임에도 불구하고 경쟁자의 도래로 가격을 내릴 수밖에 없었다. 오리지널과 제네릭^{편집자 주: 특허가 만료된 오리지널 의약품의 복제약}, 이렇게 두 개가 있을 때, 즉 처음 나온 브랜드 있는 제품과 그다음 나온 Me too 제품이 있다고 하면, 가격을 얼마에 설정해야 기존 고객이 마음을 바꿀까? 보통 그 기준이 80%라고 하면 고려한다고 한다. 예를 들어 100만 원 제품에 20% 내려간 80만 원이면 고민을 시작하는 단계이고, 그 이하는 소비로 이어지는 접점이 된다는 것이다.

의료 분야는 타 분야에 비해 보수적이다. 그래서 위의 가격 전략이 단독적으로 힘을 갖는 요인으로서는 사실 부족하다. 즉, 널리 사용되기까지의 '시간'이 좀 있다. 의사들은 결과가 예측되지 않는 제품에 비용을 지불하지 않는다. 효과도 중요하지만 안전에 대한 문제가 아직 보장되지 않았다고 생각하면 결정을 보류하는 것이다. 시간이 지나, 고려해야 하는 요소가 하나씩 해결되면, 이제 조금 매출이 올라간다. 환자들이 브랜드를 인지하고 병원에 직접 문의하기까지는 빠르면 6개월에서 1년, 보통은 2~3년이 걸린다.

경쟁자는 항상 따라붙기 마련이기 때문에 제품을 다양화하고, 타 회사에 없는 장점을 무기로 내세워야 한다. 그러나 만약 차별화된 제품을 만들지 못한다면, 가격을 내릴 수밖에 없다.

우리 회사 제품 중에 국내 최초로 생산 제조한 벨라젤 가슴 보형물의 경우, 전 세계에서 실제 제품을 만들 수 있는 곳이 6~7개 국가 미만인데, 처음 발매할 때는 가격이 높다, 낮다, 말이 많은 힘든 시기가 있었다. 그러나 지금은 '마이크로 텍스쳐'라는 세계적인 제품을 만들어서 엘러간, 존슨앤존슨 제품보다도 비싼 값을 받고 있다. 가격을 제대로 받기 위해서는 빠른 제품 개선을 통해 남들이 따라올 수 없는 제품을 가져야 한다. 그리고 다시 계속된 업그레이드로 가격 저항을 최소화해야 한다.

소비자가 느끼기에 소중한 것, 남들과 다른 것, 가치가 충분한 것이 고가의 가격을 유지하는 힘이다. 절대로 가격을 올린다고 다 팔리는 것도 아니고, 가격을 내린다고 엄청나게 매출이 느는 것도 아니다. 가격을 설정하는 것이 물론 힘든 과정이기는 하나, 최선을 다해 시장의 동향 파악에 귀를 열고 많은 시간을 제품 개선과 개발에 힘쓰다 보면 차츰차츰 내가 바라는 가격을 받을 수 있다고 생각한다.

고객은 항상 Q, P, S Quality, Price, Service를 따진다. 까다롭지만 나쁘다고 볼 수만은 없다. 고미야 가즈요시[9]는 『사장의

---
9 일류 경영컨설턴트이자 주식회사 고미야 컨설턴트 대표. 다양한 기업을 대상으로 컨설팅 활동을 하며 경제·경영 분야의 경험과 지식을 전파하고 있다.

교과서』에서 다음과 같이 말했다.

…더 나아가서 경쟁사가 있어줘서 고맙다고 말할 수 있는 회사가 되어야 합니다. 몇 번씩 말하지만 고객은 QPS의 조합을 보고 어느 회사를 선택할지 결정합니다. 즉 경쟁자가 있어야 고객이 QPS를 비교할 수 있으며, 자사의 우위성에 대해서도 깨달을 수 있는 것입니다.

직원들이 마케팅에서, 영업에서 제품을 가치 있게 전달하고, 가치 있는 상품으로 만드는 것이 가격전략의 성공이다. 5성급 호텔과 4성급 호텔은 물론 시설도 다르지만, 하드웨어적인 것보다 직원들의 서비스에서 오는 전체적인 만족도가 다르다. 홀과 레스토랑에서 직원들의 상냥한 태도가 그 차이를 만든다. 4성급에서는 대접보다는 숙박하러 왔다는 생각이 들지만, 5성급 이상의 호텔에서는 숙박이 아닌 대접받는다는 느낌의 가치를 주기 때문에 돈을 쓰는 것이다.

영업의 정의

지금은 사장이라 여러 가지 부서를 맡고 있지만, 직장 생활의 시작은 마케팅 팀이었다. 나는 분자 생물학을 공부했기에 사실 마케팅과는 거리가 꽤 있다. 물론 의약품의 기전을 이해하는 데에는 많은 도움이 되었지만 마케팅에 관련해서는 무지했기에 회사에서 공부하고, 혼자 고민한 적이 더 많았던 것 같다.

그래서 태평양 제약에서 마케팅 팀으로 시작했을 때 재미있기도 했지만 힘도 많이 들었다. 잘 모르니까. 도대체 마케팅이 무엇일까? 혼자 고민도 많이 했고, 전략 회의에 들어가서도 '내가 정말 잘하고 있는 것인지? 아닌지?' 같은 고민에 고민을 했다.

그러나 나에게 가장 힘들었던 것은 나의 가치가 정확히 어떻게 평가 받는지 알 수가 없었다는 것이다. 더 쉽게 말해 나는 진급도 빨리 하고 싶고, 인정도 받고 싶고, 또한 고객들에게 피드백을 받아 궁금한 것도 즉시 해결하고 싶은데, 마케팅은 정작 고객과의 접점이 없다 보니 전략의 시작과 끝을 볼 수가 없었고 스스로 나에 대한 평가를 할 수도 없었다.

그래도 나는 팀장님께 많이 혼나면서도 꿋꿋이 거래처를 방문했고, 외근을 다녀와 밀린 마케팅 업무를 하면서 밤을 보냈다. 마케팅 업무라는 것이 사실 범위가 정해져 있는 게 아니기 때문에 정말 하려면 무지 일이 많고 반면에 한 만큼 티도 안 날 때가 많았다.

그래서 대웅제약으로 옮겨서는 마케팅이 아니라 영업 부서 신입 사원으로 입사해 처음부터 다시 시작했다. 나는 현장^{고객}에서 도대체 어떤 일이 일어나는지 직접 알고 싶었고 이걸 알아야 '마케팅에서 겪었던 답답한 마음이 해소가 되겠다'라는 갈증을 느꼈다. 내가 한 일을 평가 받고 싶었다.

그래서 2005년 당시에 영업이 가장 힘든 회사를 찾아,

한미약품과 대웅제약 중에서 대웅제약을 골랐다.

내가 생각하는 영업은, 이미 모든 인류가 행하고 있다는 것이다. 미국 대통령이든, 어느 나라 대통령이든, 결국 나한테 투자하라고, 내 나라 물건을 사라고 고급스럽게 말하는 것뿐이지, 결국은 전부 영업의 확대라는 생각이 들었다. 마케팅 팀은 영업팀을 영업하는 것이고, 내근부서는 업무 진행을 위해 내근 업무 관련 부서를 영업하는 것이고, 영업팀은 외부에서는 고객을 영업하지만, 내부적으로는 일을 원활히 하기 위해 내근 부서, 마케팅팀을 영업하는 것이다. 이처럼 우리는 사실 모든 사람에게 영업을 하고 있다. 재화뿐만 아니라 관계를 부드럽게 하는 것, 인간 사이에 부드러움을 심어 다음 단계를 진행하는 것도 영업이라 생각된다. 즉 모든 사람은 나름 영업을 매일 하고 있는 것이다.

내가 하고 싶고, 팔고 싶은 것에 대한 전반적인 행위가 모두 영업이 아닐까? 그러나 직접적으로 이러한 영업이 이루어지기 위해서는 이전에 이야기한 제품 지식과 인간관계가 준비되어 있어야 일이 시작된다.

그렇다면 영업을 잘하기 위해서는 어떻게 해야 할까?

우선 영업 부서의 평가는 사실상^{물론 예외도 있다} 아주 많은 부분을 '숫자'에 의지한다. 정성적 평가도 있겠지만, 회사에서 사람을 평가할 때 숫자 부분을 제일 많이 보는 팀이 영업팀이다. 그렇다면 숫자라는 것은? 매출이다. 매출이 무엇일까? 그것은 어떤 회사나 기업이 가지는 해당 월, 년, 분기의 목표 달성률이다.

영업팀과 MR^{Medical Representative, 의료 정보 전달자, 영업 사원}은 회사, 팀의 목표를 달성하는 사람들이다. 영업을 잘하기 위해서는 사람과 친해지거나 일을 잘하거나 인간관계가 좋거나 제품공부를 잘하는 사람이 돼야겠지만, 가장 중요한 자질은 '목표'를 달성하려는 의지다.

영업 직원들을 두고 일을 잘하느냐 못하느냐 판단할 때, 목표를 얼마나 구체적으로 잡아서 실행했느냐를 평가한다. 말을 조리 있게 잘하는지보다, 구체적인 목표를 세웠는지를 보는 것이다. 구체적인 목표가 곧 구체적인 결과를 가져올 것이기 때문이다.

즉, 내가 이 목표를 위해 신규처, 제품 사용량과 사용처,

고객의 이탈, 빠트린 미팅 등을 고민하며 현재 단계에서 목표와의 GAP을 찾아 얼마나 꾸준히 나아갔는가를 계속 확인하며 바쁘더라도 24시간 중 어느 한때에 보통 자기 전 10분 내가 오늘 한 일이 이번 달 목표치의 몇 퍼센트에 달하는지 헤아려야 한다. 이것이 하루를 마무리하는 습관이 되어야 한다.

예전에 대웅제약 윤영환 회장님께서 임직원들과 얘기 중에 갑자기, "○○○ 부장 2천만 원 오늘 있는가?"라고 물어봤을 때 그 임원은 "없습니다, 회장님" 하고 대답한 일이 있다. 다시 윤영환 회장님은 "그럼 와이프가 오늘 수술을 해야 하는데 2천만 원 있는가?" 하고 물었고, 그는 "네, 있습니다" 하고 대답했다.

참 재미있는 질문이었다. 목표가 있고 긴급성이 있으면 NO가 YES가 된다. 생각을 먼저 YES로 하고 목표가 달성될 것을 생각하면서, 그에 맞추어 몸과 정신을 만들어 가는 것이 영업이다.

가끔 영업 사원들이 묻는다. 어떻게 해야 영업을 잘하냐고? 참 어렵고 복잡한 얘기다.

결론은 목표와의 GAP을 확인하고 목표에 다가가는 행위가 영업이라 생각된다.

그만큼 회사에서 '숫자', '목표 수치'가 중요한 것이다. 숫자를 생각하는 사람과 그렇지 않은 사람 중에 누구를 진급시키겠는가? 팀장, 사업부장은 더더욱 숫자, 목표에 민감해야 하는 사람인데, 누구를 진급시키고, 급여를 많이 주겠는가?

그리고 설령 회사를 그만두더라도 어떤 사람이 사장을 해야 하겠는가? 목표와 숫자에 가장 민감한 사람 아니겠는가?

피터 드러커는 『매니지먼트』에서 이와 같이 말한다.

"조직 속 인간이나 조직단위의 관심이 성과가 아닌 노력으로 향하게 만드는 조직구조는 용납할 수 없다. 성과야말로 모든 활동의 목적이다. 전문가나 유능한 관리가 아닌 매니저로서 행동하는 사람과 관리기능, 전문적인 능력이 아닌 성과나 업적에 의해 평가되는 사람의 수를 가능한 늘려야 한다."

"성과보다 노력이 중요하며 장인정신 그 자체가 목적인 양 착각해서는 안 된다. 일을 위해서가 아니라 성과를 위해 일하고, 군살이 아니라 힘을 길러야 하며, 과거가 아니라 미래를 위해 일해야 한다. 이를 위해서는 능력을 키우고 의욕에 넘쳐야 한다."

영업,
마케팅의 본질

 한번 상상을 해보자. 만약 영업하는 입장에서 벤츠를 판매하는 것과 평범한 브랜드의 차를 판매하는 것을 비교하면? 영업사원 입장에서는 어떤 제품을 판매하기 쉬울까? 평범한 브랜드의 차라고 해서 품질이 나쁘다는 얘기는 아니다. 그러나 소비자 입장에서 볼 때, 차가 비슷해 보이더라도 판매하는 제품의 브랜드 가치가 크고 다르다. 그리고 브랜드가 생기기 위해선 기본적으로 품질이 중요하다.

 제품을 판매하는 입장에서는 제일 중요한 것이 제품의 품질과 브랜드이다. 다 갖추어진 제품이면 얼마나 좋을까? 그러나 무작정 부러워만 해선 안 된다. 이런 제품을 판매하는 기회는 잘 오지 않기 때문이다. 그렇게 브랜드가 높고 품질도 좋은 것은 어차피 나에게 늘 오지 않는다고 생각해야 한다. 그러면 부러워할 이유가 없다. 나는 품질도 안 좋고 브랜드도 없는 제품이 아닌, 품질은 좋은데 브랜드가 없는 제품에 집중하여 롱런Long Run하는 회사를 만들고 싶다는 생각으로 출발하게 되었다.

실제 비엔에스메드와 한스바이오메드는 미국 의료 기기 FDA의 허가를 받은 제품이 약 20개 이상이 된다. 즉 품질은 걱정하지 말라는 메시지를 실천한 셈이다.

마케팅을 하다 보면 비용이 증가되고, 비용이 증가되면 고객들이 나를 찾는 것이 느껴지고, 다시 마케팅 비용이 늘어난다. 이는 자칫하면 오히려 악순환으로 갈 수도 있다. 그래서 간과하면 안 되는 것이 품질이다. 내 제품의 특성과 장점을 명확히 하고, 그것에 대한 고객들의 신뢰를 누적하면, 그 누적된 결과가 바로 마케팅의 근거가 되는 것이다.

사람들은 급하다. 빠른 결과를 원할 것이다. 그러나 명품에 그런 것은 없다. 벤츠도 차를 100년 이상 만들었고, 프라다, 루이뷔통, 샤넬도 그 정도의 시간을 가졌다.

물론 시간을 엄청나게 단축시키는 경우도 있다. 그러나

그것도 품질이 따라올 때 이야기다. 즉, 영업 회사는 제품이 좋아야 한다. 영업을 한다고 하면, 직원이 뛰어나야 한다고 생각하는가? 테슬라가 차가 좋거나 진보된 품질이 있다고 생각하지, 영업을 잘한다고 생각하는 것은 아니지 않은가? 앞으로의 시대는 기존의 영업방식과는 다른 영업방식으로 영업이 변화해야 하는 시대이다.

회사가 힘을 발휘하는 것이 아니라, 제품이 힘을 발휘한다. 제품이 힘을 발휘하면 그게 모이고 평판이 생기는 것이다. 그러니 우리는 제품에 목숨을 걸어야 한다.

많은 국내 유통 회사들, 작은 회사들은 그렇기에 수입제품에 의존한다. 제품이 좋으니까. 그러나 그런 제품이 좋은 회사들이 해외 본사에서 계속해서 제품을 줄까? 처음에는 그럴 수도 있으나 오랜 기간 동안 제품의 판매 권한을 주지는 않는다. 각자 법인을 세우고 그 법인에서 직접 팔기 시작할 것이다. 가게를 직접 차릴 수 있으면 누가 보따리 장수에게 물건을 맡기겠는가? 누구나 미들맨Middleman을 통해서 거래하기를 원하진 않는다. 모두 자기 회사가 제품을 만들어 직접 팔기를 바라고, 그렇게 가는 것이 롱런하는 길이라 여긴다.

제품에 공을 들이고, 제품이 좋다는 증거를 계속 모으고 확대하는 행위가 마케팅이 하는 업무이다.

그러면 영업팀이 해야 하는 일은 대체 무엇일까? 바로 의료의 보수성과 의료 기기의 특수성을 이해해야 하는 것이다. 영업 사원들에게 의사들과 고객들이 어떤 얘기를 듣고 싶어 하겠는가?

우리의 고객은 새로운 제품에 관심은 있지만, 주변을 살핀 다음 보수적으로 접근한다. 위험 감수$^{Risk\ take}$를 하고 싶지 않아서다. 특히 성형외과처럼 수술이 중요한 곳에서는 더욱 그렇다. 새로운 것을 시도하는 것보다, 안전하게 시술하기를 원한다. 새롭게 해서 수술결과를 1% 올리는 것보다, 부작용을 1% 줄이는 것을 선택한다. 당연한 결과다. 그러니 새로운 제품이 판매되는 것이 쉽지 않다.

어찌되었든지 그 시장을 선도하는 그룹들은 있게 마련이다. 우리가 판매하는 곳 중에서도 오피니언 리더$^{Opinion\ leader}$가 있다. 광고에서 레이서들이 기아나 현대 차를 타고 운전하는 것을 보고 '전문가의 선택이 그렇다면 우리도 따라야 하는 것 아닌가?' 하고 생각하는 것처럼, 영업하는 회사는 마구잡이로 팔려고 하지만 말고, 오피니언 리더에게 자문을 받은 후 설명과 설득을 통해 우리 제품을 사용해야 하는 당위성을 설명해 나가야 한다.

  리더들은 기꺼이 들으려 할 것이다. 왜냐면 시장을 이끄는 입장에서 항상 새로운 것을 원하기 때문이다. 이들 중에 30% 내외의 설득이라도 가져오게 되면, 일단 시작은 좋은 것이다. 물론 시간이 많이 걸리기도 한다. 경우에 따라서는 수년이 걸린다.

  그러나 일단 시작을 하고 나면, 이때 제품은 한 단계 업그레이드된다. 우리가 생각하지 못했던 직관 있는 리더^{Leader}의 새로운 적응증이 만들어지고 제품은 어린아이의 모습에서 청소년처럼 약간은 모습이 갖춰지게 된다.

  의료 기기 회사는 이 행위를 반복하는데 큰 회사와 작은 회사의 차이는 이것을 세계를 상대로 할 것인지 아니면 국내에서 할 것인지를 판단하는 것이다. 영업사원^{MR}, 마케팅, 홍보팀, 영업기획팀, 임원, 사장은 사실 같은 일을 하고 있다. 일은 다르지만 목표는 같은 것이다.

성공하는
영업을 위한 준비

영업을 하기 위해서는 어떤 것이 가장 중요할까? 2가지가 균형을 맞춰야 한다. 우선은 제품에 대한 나의 지식이다. 판매에 있어서, 제품에 있어서 가장 중요한 것이 내가 제품을 얼마나 알고 있느냐이다. 가끔 자기가 판매하는 제품의 가격조차 모르면서 판매하는 직원이 있다. 매달 변하는 판촉 조건도 잘 알지 못하고 일하는 직원도 상당히 있다. 가격도 모르면서 회사의 최전선_{고객과의 접점}에 나와 있으면 안 된다. 내가 판매하는 제품이 경쟁사와 어떻게 다른지는 당연히 알아야 한다. 즉 내가 가진 제품의 특징을 인지하는 것뿐만 아니라 고객을 구매까지 갈 수 있게 설득할 수 있어야 한다.

핵심은, 고객은 왜 내 제품을 구매 및 사용해야 하는가?

이다. 즉 아래 5가지 사항에 대해 명쾌한 답을 가지고 고객을 만나야 한다.

- 경쟁 제품과의 차별성, 우월한 점은 어떤 것인가?
- 사용 이후에 결과는 어떤가(다른 제품, 경쟁 제품 대비)?
- 부작용이나 사용 후에 주의해야 할 사항은 무엇인가?
- 경쟁사 대비 단점과 극복 방안은 무엇인가?
- 내 제품을 거래처(병·의원)에서 환자들에게 마케팅할 소구 포인트는 무엇인가?

마케팅에서 정리해 준 내용에 영업사원은 자신이 가진 '소신'을 더한다. 핵심은 위의 내용들이 모든 거래처에 다 통하거나 설득이 되는 것이 아니라는 것이다. 5가지 중에 1~2가지가 거래가 이뤄지게 한다.

그러나 제품 지식을 쌓고 고객들을 만나려고 해도 이게 만만치가 않다. 무슨 일이든 만나야 이를 해결할 수 있지 않겠는가? 고객 얼굴을 봐야 이게 진도가 나가는데 그게 여간 쉽지가 않다. 그래서 필요한 것이 인간관계^{고객과의 관계}인 것이다. 고객^{의사}은 우선 학회, 세미나, 심포지엄, 책자, 온라인 등에서 제품과 회사를 처음 접하게 된다. 이때 참으로

3장 | 마케팅과 영업 전략

많은 시간이 든다. 소비자는 다소 유행을 타기는 하지만, 그래도 제품의 인지도와 효과에 대한 KOL^{Key Opinion Leader 편집자 주: 의사 결정권자. 특정 그룹 내 의견을 이끄는 사람} 등의 이야기를 충분히 듣고 조금씩 제품에 대한 호기심을 갖기 시작한다. 이때 제품이 안 팔린다고 싸게 팔거나, 제품 지식이 없는 직원에게 판매를 맡기면 안 된다. 우리도 어떤 제품을 사러 갔을 때 제품을 판매하는 직원이 프로페셔널^{Professional}하지 않을 경우는 왠지 사람뿐만 아니라 제품까지 별로일 거라는 생각을 하지 않는가? 제품을 판매하는 최전선에 있는 직원의 제품에 대한 지식은 제품뿐만 아니라 회사까지 세련되게 하고 멋지게 만드는 역할을 하는 것이다.

이렇게 고객은 제품이 노출된 곳에서 제품의 객관적인 이야기를 듣고 제품을 선택하려는 마음을 조금씩 먹게 된다. 이때 중요한 것이 인간관계이다. 인간관계의 핵심은 어떻게 하면 고객을 위하고, 고객에게 이익이 되는지 생각하는 것이다. 즉, 고객이 이 제품을 사용하는 이유가 고객에게 이득이 되기 때문이라는 점을 예의 바르고 간략하게 정리해야 한다. 고객이 제품을 잘 사용할 수 있도록 전 직원들이 제품의 특성을 의사에게뿐만 아니라 환자들에게도 명확히 알리고 정리해야 하며, 이를 위한 거래처^{병의원}의 직원 교육도 필요하다.

의원^{특히 성형, 미용관련 비보험 클리닉}도 당연히 이익을 내야 하는 곳이기 때문에 이를 고민하는 영업 MR을 더 좋아할 것이다. 예의가 바르고 친절한 것은 기본이고, 병원에서 어떻게 제품을 팔아야 할지 걱정하고 고민하고 전략을 세우는 직원이 돼야 한다. 이게 인간관계의 시작이다. 좋은 직원을 만나는 것도 거래처^{병원}의 행운이다.

제품 지식과 인간관계에서 우선하는 것이 있는 게 아니다. 둘 다 균형이 중요하다. 둘 중 하나에 치우치는 것보다, 항상 두 가지가 계속 상호 보완해야 한다. 경쟁 제품은 계속 쏟아지고 인간관계도 계속 좋을 수만 있는 것은 아니기 때문이다.

내가 하는 일에 전문가^{Professional}가 되기 위해, 매일 노력해야 한다. 인간관계도 계속 유지하는 것이 중요하다. 잘 지내던 고객에게 방문을 소홀히 한다면 반드시 경쟁사가 대상 고객에게 더 많은 방문^{call}을 가질 것이고 결국 경쟁사가 앞서갈 것이다.

그러나 인간관계도 그 비중이 최근 들어 다소 줄었다. 1:1의 만남도 여전히 중요하지만 큰 병의원 등에서는 스스로가 제품의 특성화와 차별화 등 마케팅에 힘을 들이고 있다. 그에 따라 회사들 역시 제품 전략의 변화와 강조를 더욱 중요시하게 되었다. 즉, 마케팅 팀에게는 영업부가 조금 더 쉽게 인간관계를 맺도록 학회, 심포지엄, 세미나 등을 더 디테일하게 열어주고, 타깃 고객에게 어떻게 더 잘 다가갈 수 있을지를 연구하는 임무가 주어졌다고 할 수 있겠다.

영업의 가장 중요한 두 가지 구성요소, 즉 가치 있는 제품과 인간관계로 신뢰를 쌓다 보면, 그 신뢰가 다른 고객을 연이어 소개하는 최종 단계에 이르게 된다. 약 1~2년을 영업하면 1~2곳 등의 거래처에서 다른 곳을 소개해주는 단계에 오게 되는데, 이때가 되어야 드디어 선순환을 시작하는 것이다. 즉 다른 곳을 소개시켜 준다는 것은 그만큼 영업사원으로서는 인정받았다는 얘기가 된다. 영업이 영업을 낳는, 부산물이 있는 영업을 하게 된 것이다. 이때

부터 내가 하는 일과 노력이 양에서 질로 변화되는 시간이 오게 된다. 잠재성을 키우는 몇 년이 흐른 후, 신규보다 소개가 많아지는 시점이 오고 처음에는 어려웠던 일이 쉬워진다.

영업하는 사람은 고객을 만나는 것이 일이다. 영업사원 중에 "왜 영업을 지원했는가?"라고 했을 때 "사람 만나는 것을 좋아합니다"라고 답변하는 이들이 많다.

물론 영업은 고객과의 접점에 있는 사람이다. 하지만 올림픽에 출전하는 단거리 육상선수는 4년간 준비를 하고 100m로 따져 약 10초 내외를 뛴다. 수년의 운동과 4년간의 준비를 하지만 결과는 단 10초에 결정되는 것이다. 영업도 준비가 90%이고 실행은 10%다. 90%의 준비에 따라 결과가 만들어진다.

영업을 하는 MR이 하루에 만날 수 있는 고객의 수가 몇 명이나 될 것 같은가? 실제로는 2~3명의 고객^{의사, 실장}이면 많이 만나는 것이다. 거래처를 방문하는 것을 Call이라 하는데, 제약 회사에서는 20call, 의료 기기 회사는 10call 정도가 회사에서 요구하는 기준이다. 이러한 방문콜은 많이 이루어지지만, 정작 의미 있는 콜, 즉 거래로 성사되거나 매출과 연결되는 콜은 일일 1콜이면 잘하는 영업 MR이라 봐야 한다.

고객은 처음 MR을 접하고 난 뒤, 1~2번의 생각을 더 해보고 더 만날지, 말지를 결정한다. 소개팅과 비슷하다, 첫 만남에서 대부분 80~90%는 더 만날지 말지가 결정된다. 첫 만남이 마지막 만남일 수 있는 것이다.

직원들에게 나는 항상 준비가 90%라고 얘기한다. 즉 자주 만나려고 하지 말고, 만났을 때 어떻게 할까 준비를 더 많이 해야 성공 확률이 훨씬 높다고 얘기한다.

그럼 우린 무엇을 준비해야 하고, 평소에 무엇을 해야 하는가?

일단 자기가 맡고 있는 거래처의 전체 리스트를 펼쳐 놓는다. 뭐든 일의 시작은 '리스트 업'이다. 즉 리스트를 만들어 놓는다. 100곳이든 200곳이든 엑셀 파일로 만든다. 인터넷에 들어가서 병원과 관련된 모든 정보를 찾아서 적는다.

홈페이지나 블로그나 모든 정보를 다 찾아서 넣는다. 즉 거래처, 병원을 가보지 않았지만, 머릿속에 그 병원이 어떤 곳인지 예상해야 한다. 병원의 정보를 찾으면 그 병원의 전문 영역을 알 수 있고 주요 치료 내용이 나온다. 쌍꺼

풀인지 코인지 가슴 수술인지 지방 흡입인지, 출신 학교와 현재 사용하는 제품이나 장비는 어느 회사 제품인지 나온다.

이게 정리되어 있어야 병원에 가서 얘기할 때 내 제품이 아니라 병원에 대해서 얘기할 수 있다. 본인의 제품이 아니라 병원을 돕는 영업이 되는 것이다. 관심 있는 제품이나 관련된 주제들로 이야기를 하니 분위기가 편안해지고 당연히 상담시간은 늘어날 것이다. 그러다 보면 서로의 필요가 맞닿는 순간이 오게 된다.

병원을 방문하면서 병원의 정보^{출신 대학, 주요시술, 직원 수, 구비 제품 현황} 없이 방문하는 것은 당연히 고객과의 접점을 찾지 못하기 때문에 의미 없는 call로 이어지게 된다.

이렇게 관련된 모든 정보를 '리스트 업' 하는 게 중요하다.

두 번째로는 이렇게 '리스트 업' 후 우리가 가진 제품과 병원^{거래처} 전문 영역의 공통 분모를 찾는다. 리스트 업 이후에 분류 작업을 시작하는 것이다.

우리 회사 같으면 벨라젤 가슴 보형물, 민트 리프팅 실, 인체 조직 벨라셀 등 병원에서 사용빈도가 높을 제품을 리스트 업 된 것과 매칭한다. 이렇게 카테고리별로 제품을 넣고, 그것을 분류해 놓는다. 고객과 만나서 얘기를 나눠야 할 무기^{내용}를 준비하는 것이다. 약 200개의 병의원이 있다면 이를 다시 제품별로 거래처를 분류하자.

이런 분류가 분류 1이고, 분류 2는 동선이 비슷한 거래처, 방문 시간이 비슷한 거래처, 또 대형 병원이거나 중소병원 등 특성상의 분류다.

첫째, 리스트 업 한 후, 둘째, 분류 작업을 거치고, 셋째, 각각 거래처마다 목표를 적는다.

거래처에서 최소로, 혹은 최대로 우리 제품을 얼마나 사용할 수 있는가 케파Capa^{capacity, 규모}를 그려본다. 물론 이 행위는 쉽게 되지 않고, 병원을 2~3번 방문하면서 알 수 있다. 거래처의 규모^{이하 Capa}는 우리 뜻대로 되는 것이 아니다, 당연히 Capa는 환자가 많은 대형병원, 중·소형병원, 네트워크병원, 전문병원, 의사 수가 많은 병원, 1인 병원 순이지만 꼭 다 그렇지만도 않다. 작은 병원이라도 전문 영역에서 환자를 끊임없이 유치하기 때문이다.

즉, 당연히 마케팅에서 말하는 STP^{Segmentation, Targeting, Positioning}를 따르게 된다. 우선순위는 당연히 경쟁은 있지만 Capa가 많은 병의원일 것이고, 혹은 Capa가 작더라도 우리 회사 제품의 신뢰도와 브랜드 로열티를 따르는 곳도 있기 때문에 Capa와 우리 제품의 사용빈도에 따른 거래처의 MS^Market Share를 따로 따져볼 필요도 있다.

이렇게 리스트 업, 분류 작업, 제품 Capa를 파악한 후, 이제 내가 가지고 있는 무기를 점검한다. 내가 어떻게 다가가야 하고, 어떻게 하면 거래처를 더 잘 도와줄 수 있는지 체크한다. 내 제품을 판매하는 것이 아니라, '어떻게 하면 거래처에 도움이 될까'를 '우선' 생각해야 한다.

이게 큰 차이이다. 잘하는 영업 사원과 보통 영업 사원의 차이는 여기서 드러날 것이다. 고객을 볼 때 돈으로 보는 사람이 있고, 가족으로 생각하고 보는 사람이 있다. 예전에 백승호 전무님^대웅제약이 매번 얘기하신 '고객에 대한 위하는 마음'이 있어야 한다.

> **병원이 잘되는 방법**
>
> - 내 제품이 병원에 주는 이점
> - 병원의 수입과 평판을 늘려 줄수있는 새로운 신제품
> - 대상 고객을 늘릴 제품별 적응증 소개
> - 병원의 마케팅과 홍보로 쓸 자사 카피, 콘셉트, 광고 디자인

위의 내용이 정리되고 준비되어야 한다

특히 자사 제품으로 다른 고객들이 성공한 전략이나 내용을 몇 가지 공유하면 더욱 분위기가 좋아질 것이다. 그냥 자기 제품 한번 써보세요 하는 사람과 위의 내용대로 병원을 위하는 마음으로 정리해서 얘기하는 사람 중 어떤 사람을 좋아하겠는가?

여기서 중요한 것은 병원명을 이야기하면 절대 안 된다. 우리는 가십 거리 등을 옮기는 사람이 되면 안 되니 입이 무거워야 한다.

이렇게 1년 정도 하다 보면 한 달에 1개 정도씩 Fan 거래처가 만들어진다. 이게 자산이다. Fan 거래처가 어느새 다른 Fan 거래처를 이어주고, 2~3년 차가 되면서 이제 조금씩 성과가 난다.

즉 영업의 성과는 이때부터 나오고, 특히 이때 가장 재미있게 일할 수 있게 된다.

영업 이외 부서의
역할과 중요성

영업은 전투를 하는 부서여서 최종 고객과 만나는 일을 담당한다. 총을 쏘는 사람인 셈인데 사실 이들이 총을 만드는 사람은 아니다.

영업 관리, 기획팀은 영업 현장에서 일이 잘되고 있는지를 확인, 평가하는 관리팀이다.

즉 회계팀, 영업 기획팀, 인사팀, 영업 관리팀, 마케팅팀, 마케팅 지원팀, 온라인팀, 오프라인팀, 디자인팀, 홍보팀 등 영업 외 부서는 영업 부서가 전사적 목표를 향해 제대로 가는지를 모니터링하는 활주로의 관제탑 같은 팀이다. 직접 비행기를 몰고 있지는 않지만 안전하게 이착륙을 도와주는 것이다.

그러니 '나는 영업팀이 아니야. 매출은 내가 하는 게 아니지'가 아닌 것이다. 사실 모든 부서와 업무는 연결되어 있다.

일단, 마케팅팀은 매출의 추이를 지켜보며 판매가 잘되고 있는지 살피고, 주력 제품과 신제품의 거래처 매출은 어떠한지, 1~2군데서뿐만이 아니라 전체적으로 고르게 매출이 올라가는지, 주요 거래 선의 매출은 어떠한지, 영업 현장에서 어려운 점이나, 경쟁 회사에 비해서 정책·전략이 뒤처지는 건 있는지를 모니터링하고 데이터로 만드는 곳이다. 마케팅 팀은 시장을 분석할 수 있도록 이 데이터를 영업 본부장 혹은 사장과 임원진에게 제공하여 향후 전략을 세울 수 있게 도와주어야 한다.

영업 기획과 관리팀은 어떠할까? 이탈처는 없는지, 문제되는 곳은 없는지, 편법으로 진행되거나 비정상적인 거래가 진행되는 곳은 없는지, 물류나 배송의 문제가 없는지 등, 영업을 하면서 나올 수 있는 영업 현장의 문제들을 해결하고, 회사의 미래에 나타날 수 있는 문제를 미연에 방지한다.

인사팀은 신입·경력직원이 입사 시에 회사에 편안히 안착하게 하고, 경력직일 경우 회사의 적응이 오히려 늦을 수 있으니 재교육을 통해 낯설지 않도록 돕는다. 또, 직원들을 위해 회사의 규칙이나 복지가 제대로 진행되는지를 지켜보고 직원이 충분히 복지혜택을 누릴 수 있도록 하며, 특히 팀장과 직원들에게 계속적인 교육의 기회를 제공해 업무를 더욱 효율적으로 이끌 수 있게 한다.

알고 보면 우리가 하는 모든 일들은 연결되어 있다. 물론 회사의 성격상 영업팀이 강한 회사, 마케팅이 강한 회사, 내근 부서가 강한 회사가 있지만 그들 부서도 서로 상호 작용하고 있다.

영업팀은 회사에서 허드렛일을 하는 게 아니라, 가장 중요한 역할을 하는 곳이다. 즉 돈을 벌어 오는 행위가 이뤄지는 팀과 부서이다. 그러나 회사는 영업팀만으로는 이루어질 수 없다. 영업 이외의 관리팀이 영업팀을 어떻게 리드해주느냐가 매우 중요하다.

뭐든 부산에서 서울만 가야 한다는 생각이 영업의 생각

이라면, 어떻게 가야 가장 현명하고, 가장 적은 노력으로 가장 빨리 서울을 갈 수 있는지 말해주는 부서가 관리 부서다.

영업을 하는 현장에서는 당연히 당면한 문제가 심각하기 때문에 큰 그림을 보지 못할 때가 많은데, 관리팀은 이때 정보를 객관화해서 영업 상황이 지금 현재 어디에 어떻게 있는지를 인지시켜 줘야 된다. 관리는 융통성이 있으면 안 된다. 말은 들어주되 원칙을 지키는 팀이다. 영업은 융통성이 중요하고 어떻게 되었든 원칙을 어겨서라도 매출을 발생시키고 싶은 곳이다. 원칙을 지키면 매출이 어려우니 항상 팀장과 사장은 고민에 빠진다.

그럼 원칙은 어떻게 정해야 하는가? '관리팀과 영업의 원칙은 무엇으로 설정해야 하는가?'에 따른 고민이 자연히 생기게 된다.

결론적으로, 단기적 이익이 발생해도 장기적으로 문제가 생길 수 있다면 진행을 하지 않는 게 원칙이어야 한다. 회사의 원칙은 고객이 수긍할 수 있는 기준이어야 한다. 회사가 가지는 거래원칙^{담보, 여신, 결제방법, 결제기한, 배송} 등을 어기고 진행한 일들은 단기적으로 옳아 보여도, 장기적으로는 옳지 않다.

즉, 항상 정상적이지 않은 영업은 결과가 좋지 않다. 당장 매출이 좋지 않더라도 장기적으로 보고 체력을 길러서, 제대로 된 영업결과를 만드는 것이 더 좋다.

의약품과 다른 의료 기기 영업의 특징

　의약품 회사로 입사한 나는 '에스트라'로 사명이 바뀐 태평양제약 마케팅 팀에서 첫 직장생활을 시작했다. 그곳에서 2년 반이라는 시간을 보냈고, 다시 영업이라는 새로운 직무를 위해 10년이라는 시간을 대웅제약에서 의약품을, 디엔컴퍼니 계열사에서는 의료 기기 판매를 하면서 경험을 쌓았다. 그 이후, 의료 기기 회사를 설립하여 4년간 운영했고, 지금은 인체조직, 의료 기기 전문기업 한스바이오메드에 있다. 같은 의료 분야라 해도 많이 다르기 때문에 특징을 이해해야 한다.

　의약 영업은 의사 등의 전문가와 대화를 나눌 정도의 충분한 지식을 갖춰야 한다. 그리고 그 지식을 바탕으로 경쟁 제품과 차별되는 점을 설득, 부각시키는 이해의 프로

세스를 가져가야 한다. 이런 지식과 설득 작업으로 영업을 한다. 물론 신뢰관계를 오래 쌓은 거래처가 많을수록 매출에 도움이 되는 것은 당연한 얘기일 것이다. 비즈니스 예절을 중요하게 짚은 이유가 여기에 있고, 이렇게 인간관계와 제품에 대한 지식이 영업을 한다고 할 수 있다.

오리지널 제품을 판매하더라도, 영업 현장에는 제네릭 제품들이 수없이 많다. 예를 들어 비아그라를 판매하는 다국적 제약회사 화이자는 특허 만료 전까지는 시장을 독점할 수 있다. 그러나 일정 기간 후 특허 기한이 만료되면 경쟁 회사들이 제네릭 의약품을 만드는데 적게는 10여 개, 많게는 100여 개가 시중에 돈다. 그렇게 되면, 의사는 선택의 폭이 넓어져서 좋지만, 제약 회사는 더욱 제품의 차별화에 고민하게 된다.

제네릭을 주로 만드는 회사와 달리 회사 규모가 큰 MSD, 화이자, 머크, 녹십자, SK 등의 회사들은 특허권을 많이 가지고 있다. 그러나 이곳에서의 경쟁도 치열하기 때문에 인간관계가 아무리 좋더라도 넘기 힘든 벽이 있으니 바로 제품력이다.

그리고 효과가 비슷하다면, 브랜드 로열티가 비슷하다면, 이제 영업 사원의 재량이 발휘된다. 즉, 평소에 성실하고 열정적인 영업 사원이 매출을 올린다.

우리가 나이키, 아디다스와 같은 브랜드 의류를 살 때 브랜드 로열티가 크지 않다면 구매할 당시의 구매 혜택 혹은 제품을 설명하는 판매사원의 능력에 따라 구매하는 것과 비슷한 예이다.

당연히 브랜드와 제품력이 뛰어난 제품이 중요하지만, 이에 못지않게 제품의 특성과 차별화된 포인트를 전달하는 영업사원 개개인이 갖추고 있는 제품에 대한 지식과 실력이 중요한 것이 이 때문이다.

그렇다면 의료 기기 회사란?

위에서 말한 제품 지식, 그리고 인간관계에 한 가지가 추가되어야 한다. 영업 사원이 열심히 하면 매출이 증가할 거라는 착각에 빠진 채 의료 기기 회사를 시작하는 제약회사들이 있다. 영업사원이 필요 없다는 것이 아니라, 핵심을 이해해야 한다.

의료 기기는 제품 지식과 인간관계와 더불어 중요하게 고려해야 할 게 있는데, 바로 KOL의 확보이다. 예를 들어 우리가 다니는 병원마다 수술비가 다르다. 특히 비보험일 경우에는 가격대의 차이가 많이 난다. 대학 병원 등은 국가에서 비용의 상한성을 두기 때문에 비슷할 수 있지만, 성형, 미용 등 보험 수가가 아닌, 비보험 진료일 때는 수술비가 다른데, 병원의 규모가 커서일 수도 있고, 수술 장비가 좋아서일 수도 있다. 그러나 대부분은 수술하는 의사의 경험, 이력, 평판 등이 고려된다. 수술을 잘하고, 결과가 좋은 병원은 당연히 있게 마련이다. 이러한 수술에 이용되는 주요 의료 기기는 어떤 의사의 손길에 따라 80~90이라는 능력을 가졌어도 100에 가까운 결과를 가져오게 할 수도 있다. 의료 기기도 좋고, 의사의 실력도 좋다면 당연히 금상첨화가 아니겠는가?

만일 제품의 정확하고 올바른 적응증을 경험이 부족한 영업 사원이 직접 설명한다면, 많은 곳에서 의사와의 커뮤니케이션이 쉽지가 않을 것이다. 그러므로 의료 기기의 영업사원들은 거래처에서 영업을 하는 것이 아니고 본인이 판매하는 제품의 주요 KOL이 '임상적으로 장단점을 정리한 내용'을 새로운 의사에게 전달·토의하는 과정 속에서 제품을 파는 게 좋다.

즉, 'Salesman can not sales. Dr's can sales'라 할 수 있다.

KOL의 명확하고 올바른 수술 방법이 전달되어, 그 제품에 딱 맞는 수술 방법에 다른 의사들이 공감하고 설득된다면, 그 제품이 판매되는 것이다. 이런 식의 메커니즘이 의료 기기 영업이다.

이런 KOL을 발굴하고 함께 성장해 가는 것이 사장과 마케팅의 주요한 일이고, 이를 효율적으로 운영하고 대상에 접목하는 것이 영업이 하는 일이다.

창업의 경험

태평양제약과 대웅제약을 마치고 회사를 만들었다. 내가 만든 비엔에스메드는 만든 지 4년째에 지금 내가 몸담고 있는 한스바이오메드의 계열사로 합병이 되었고 그 4년의 시간 동안 또 한 번 많은 배움이 있었다.

많은 사람들, 특히 젊은 사람들이라면 자기 사업을 꿈꾸고 사장을 꿈꾼다. 뭐, 나는 40~50억 정도일 때 회사가 합병되어 끝을 보지 못했지만 회사에서 급여 받는 사람에서 급여 주는 사람으로 일한 경험은 매우 중요했고 인생의 좋은 기회였다.

경험이 작아 사업을 논하긴 어렵지만, 일단 뭘 생각하든지 전부 3배 이상이 들어가는 것 같다. 팔릴 것만 생각하면 당장 매출이 5억, 10억을 할 수 있을 것 같지만, 생각한 시간이 만약 3개월이라면 9개월 이상 걸린다. 중간중간 터지는 일들이 너무 많아서 목표에 도달하기가 만만치 않다. 여태껏 다녔던 회사는 조직이 구성되어 있으니 모르면 물어보면 되지만 혼자 할 땐 주변에 마땅히 물어볼 사람조차 없다. 더욱 중요한 것이 자금이다. 자금 또한 3배가 든다. 이것도 최소 수치이고 평균적으로 3배보다 많이 필요하다. 매출도 중요하지만 이익이 중요한데…. 이게 처음 한 해, 두 해, 계속 돈이 들어가기만 하고 나오질 않는다. 수익이 안 나는 것이다. 남들 생각으로는 사장이니까 돈을 벌 것이라 생각하지 정작 2~3년 차까지는 돈을 버는 게 아니라 족족 쓰기만 해서 사업이 힘든 것이다. 제조업이라면 아마도 이것의 2~3배는 더 힘들 것이다.

사업의 핵심은 제품서비스, 사람조직, 자금돈, 시스템운영인데 이 4가지가 처음에 모두 잘될 턱이 있겠는가? 제품, 서비스가 경쟁력이 있는지? 차별화는 얼마나 가능할지? 실제 차별화가 되는 제품인지? 억지 마케팅으로 우겨 넣진 않았는지? 잘 헤아려야 한다. 소비자는 똑똑하고 정보는 평등한 시대다. 실제로 제품이 좋지 않으면 많은 매출이 일어나지 않는다. 처음에 마케팅이 중요하다고 생각해서 많은 예산을 배당하면 힘들 수 있다. 특히 의료 기기의 경우 큰 세미나나 학회도 당연히 나가야 하지만, 실제로 KOL을 활용하는 것이 나중에 가서 훨씬 효율적이었음을 깨달을 때가 많다.

창업 초기라면 더더욱 사장은 마케팅을 아랫사람들에게만 맡겨놓아서는 안 되고, 자기가 직접 한다고 생각해야 한다. 특히 큰 회사에서 온 사람들은 일을 시키기만 했지 자기가 알아서 해본 실무 경험은 부족할 때가 많다. 마케팅의 업무 중 일부는 숫자로 확인할 수 없는 부분도 많아서, 바로바로 결과가 잘 안 보일 수도 있다. 그다음으로 고려할 것이 자금돈인데, 이것이 회사 운영의 실제다. 제품을 사는 돈, 받을 대금, 직원들 급여, 마케팅비, 고정비…. 돈을 벌려고 만든 회사가, 돈을 쓰려고 만든 것처럼 생각 될 때도 있다. 자금 관리를 철저히 하여서, 매달 지출해야 할 돈의 사용처를 고려하여야 할 것이다.

100원의 매출이 난다면, 원가가 30원이면 좋겠지만 대부분 처음엔 50% 이상일 것이다. 20%는 급여로 나가고, 10%는 마케팅에 쓰고 20%는 고정비, 즉 임대료 같은 것들로 나가고 나면 마진이 없는 것이다. 큰 규모로 사업을 하여 1000억, 100억 이상 나가면 좋겠지만 그게 처음부터 가능하지는 않다. 경쟁자의 도래와 시장의 경쟁 심화 등 위험 요소는 넣지도 않았다. 신생 기업일수록 위기에 취약한 것은 말할 필요도 없을 것이다.

그러니 실제 얼마나 많은 노력이 들어가야 하는 것일까?

한편 재무나 회계에 관해 전문적인 지식이 없으면 어떻게 얼마나 이익이 되고 손해가 되는지도 명확히 알 수 없으니, 만전을 기하고 또 기하여 각오해야 한다.

비엔에스메드를 창업한 일은 현재 사장직을 수행하는 밑거름이 되었다. 또한 대웅제약에서의 시간도 나에게 사업을 하고 사장직을 수행하기 위한 담금질의 시간이 아니었을까 생각한다. 지금 자신의 분야에서 힘껏 달리고 있을 경쟁자들이 모두 가지고 있을 '초보 시기'에 해당하는 시간들 말이다.

누구나 자기 회사를 해보고 싶은 생각이 있다. 특히 회사 생활을 하면서 스트레스를 받을 때는 수도 없이 생각하지 않는가?

내가 사업을 시작한 이유는 사실 '노후 보장'을 위한 것이었다. 어찌되었든 일반 샐러리맨은 직장 생활에서 은퇴하는 시기가 오지만 내가 회장이고 사장이면 그런 일이 닥치지 않으니까. 특히 나이가 들어서 5일 근무가 아닌 3~4일을 근무하고 급여를 좀 적게 받더라도 내가 할 수 있는 일이 있다면 행복할 것 같았고, 누적된 노하우를 주변 사람, 아랫사람에게도 전달할 수 있겠다는 생각이 들었기 때문이다.

나는 창업을 하기 위해서는 제품, 조직^{사람}, 시스템, 열정^{비전}이 필요하다고 생각한다. 그러나 여기에 빠진 게 있다. 바로 돈^{자금}이다. 회사에서 일했던 경험은 업무를 처리하는 데는 도움이 되었지만, 자금을 운용하는 법은 사장만이 아는 것이고, 나는 그러한 과정을 모른 대가를 고스란히 겪었다.

들이는 돈은 3배인데 돈의 회수는 3배 늦다. 항상 생각했던 것보다 3배다. 그래서 이후부터 누가 사업한다고 할 때는 '3배'라는 것을 항상 얘기해 주지만…. 아무튼 직접 시작해서 부딪치면 얼마나 힘든지 알 수 있다.

지금 그렇게 나랑 고생해준 사람들의 대부분이 그래도 비엔에스메드의 사장 및 임원을 하고 있으니 맘은 좋지만 그때를 생각하면 아찔할 때가 참 많았다.

비엔에스메드는 의료 기기 회사 중에서 성장률이 가장 뛰어났고, 지금도 그렇다. 지금은 한스바이오메드가 비엔에스메드를 인수해서 한스바이오메드의 국내 영업 부분을 담당하는 계열사가 되었다. 자금이나 제품이나 탄탄한 회사가 되어 나아가고 있고 그 모습이 참 보기에 좋다.

창업을 하면서 느낀 것은 본격적으로 멀티태스킹을 해야 하고, 직접 뛰어야 한다는 것. 특히 중소기업^{100억 미만}은 사장이 성과의 대부분인 90%를 담당한다고 하는 말이 사실인 것 같다.

일을 하다 보면 상사의 업무가 맘에 들지 않고, 주변 부서의 업무가 맘에 들지 않고, 사람이 마음에 들지 않을 때가 많다. 그러나 사업이라는 것, 아니 일이라는 것이 사실 알고 보면 내가 생각하기 나름이다. '일이 안 될 것 같으면, 내가 들어가면 되고, 내가 하면 되는 것'이다.

많은 사람들은 실제로 불타는 열정을 쏟지 않는다. 열정이란 건 요즘 너무 값진 것이다. 내가 그 일을 꼭 해야 하는 당위성이 있거나 일이 명확하거나 둘 중 하나라도 충족되면 그나마 낫다. 나는 내가 만든 회사니 소중할 수 있지만 급여 받는 직원들은 그렇지가 않을 수 있다. 위치와 생각이 다르니 당연한 것이고, 가끔 사장과 같은 마음을 가진 사람을 발견할 때는 공을 들여서 회사의 임원으로 만들어야 한다.

회사의 성과는 90%가 나의 노력과 뜻이라고 생각하니 미워할 사람이 별로 없었다. 맘에 안 드는 직원을 볼 때는 내 명확하지 않은 구상과 계획으로 일하는 것이라고 생각하니 '잘못이 내게 있구나', '내가 좀 더 잘해야겠구나' 하고 생각이 선회하게 된다.

나는 초기에 재고 관리와 유지에 큰 어려움을 겪었고, 그 이유가 유효 기간 초과 제품, 보관 온도를 잘못 맞춰서 버려야 하는 제품, 바코드 오류, 선입선출^{먼저 들어온 물건을 먼저 내보내는 것} 등의 문제를 제대로 관리하지 못했기 때문이었다. 이 때문에 직원과 팀장을 3번이나 변경해야 했었다. 얼마나 짜증과 화가 나던지 미칠 지경이었다. 특히 매 분기마다 수천만 원의 재고 처리로 손실을 입으니, 이익이 날 만하면 재고관리로 손해를 보고 이익이 날 듯 말 듯…. 어떨 땐 맥이 탁 풀리고 설움이 몰려왔다.

그러다 문제를 깨달았다. '내가 진짜 문제를 알고 있나?' 하는 생각이 들었고, 그때부터 창고에 들어가서 하나하나 세고, 프로세스를 이해하고, 직원들에게 이해시키기까지 초기에 1달을 잡은 일을 6개월 이상 걸려서 결국 끝을 냈다. 스티븐 코비의 말처럼 내가 이해하지 못한 것을 남에게 이해시킬 수 없다는 교훈을 얻은 일이었다. 내가 재고 관리를 시킬 땐 내가 재고 관리를 이해하고 정확히 알고 있어야 직원들이 따라 할 수 있다는 것을 알게 되었던 것이다. 그런 후에 진짜 문제가 무엇인지 솔직히 얘기하고 논의해야 했다.

"조직이나 기업에서도 어려움에 처했다면 마찬가지로 조직 구성원 모두가 바른 생각, 곧은 마음을 가질 수 있도록 완전한 진실을 말해주어야 한다."

- 『마쓰시타 고노스케,[10] 길을 열다』, 마쓰시타 고노스케

창업은 내게 힘들고 돈에 쪼들리는 시간이기도 했지만 매년 300% 이상의 성장을 가져온 성공이자 멋진 경험이었다.

---
10 일본의 기업가. 독특한 경영 이념과 탁월한 통찰력 및 국제감각으로 마쓰시타 전기를 세계적인 대기업으로 성장시켰다.

나는 과장, 부장, 이사, 상무, 전무 사장 순으로 진급하는 것도 좋지만, 일단 사장을 해보고 상무나 전무가 되어 보는 것도 좋다는 생각도 든다. 그러면 사장의 입장에서 일을 더 잘 이해하게 되기 때문이다. 사장의 언어는 직원의 언어가 아니라 주인의 언어다. 스스로 주인처럼 생각하는 것. 이를 실천해본 것. 그것이 내가 지금 한스바이오메드의 사장으로 임하는 데에 조금이나마 도움이 되지 않았나 한다.

효과적인
클레임 처리법

거래처나 고객이 클레임을 걸 때가 있다. 포장을 변경했는데 정보 전달^{inform}이 안 된 경우, 물품이 파손된 경우, 유효 기간이 임박하여 물건을 반품해야 되는 경우 등 종류는 수없이 많다.

핵심은 12시간 이내에 클레임 내용을 명확히 접수하여 제품과 관련된 모든 문제를 연구소와 생산부서에 전달하여 2차 문제가 없도록 해야 한다는 것이다.

만약 배송이 12시까지 접수되어야 한다면 그 이유는 무엇인가? 배송은 지역에 따라 며칠이 걸리는가? 결제는 어떤 카드로 하면 무이자인가? 등 서비스의 세부 내용이 고객에게 제대로 전달되지 않아서 혹은 전달될 통로가 부족해서 클레임이 발생할 수도 있다. 일단 회사가 서비스 전

반에 대한 명쾌하고 정확한 규정을 갖고 있어야 하는데, 이 규정이 직원MR 전체에 정확히 숙지되고 조직 내에서 정보의 균질성이 이뤄져야 한다. 이런 시스템이 클레임을 막아준다.

또한 당연히 고객에게 제공되는 서비스가 경쟁사보다 좋다면 문제가 없지만, 만족할 만한 서비스를 제공하지 못할 때는 그것도 클레임이 되므로 경쟁사 수준으로 서비스의 질을 유지해야 한다.

서비스 클레임의 한 종류로, 직원 클레임이 있다. 직원의 성실성과 관련되어 있는 문제다. 약속한 것을 이행하지 않는 것, 예를 들어 광고 자료, 서비스 자료 등을 제때에 전달하지 않는 것이다.

무엇이든 타이밍이라는 것이 중요한데, 테니스도 골프도 훌륭한 선수는 정확한 방법과 임팩트로 샷의 거리와 방향을 조정할 줄 안다. 마찬가지로 사업에서도 거래처에 정확히 방문해야 할 타이밍과 기한이 있는데 이러한 문제를 몰라서 고객과의 약속시간, 해결 일자 등 적절한 만남의 시기를 놓칠 때가 많다.

직원이 무엇이 중요한지 모르고 시급성을 잘 모를 때는, 일단 이렇게 해보는 것은 어떨까?

'4, 3, 2, 1의 방식'을 적용하는 것이다. 일이 시작되는 시점에는 일주일에 네 번, 그리고 한 주마다 방문 횟수를 줄여, 네 번째 주에는 한 번 방문한다. 매달 1회 이상으로는 얼굴을 비춘다.

그리고 확실한 정보를 전달한다. 그 자리에서 도장을 찍듯이 말이다. 고객(의사), 직원, 실장, 간호사 등등 병원에 관련된 모든 사람에게 우리 제품의 정보를 정확히 전달한다. 의사뿐만 아니라 목표 거래처와 관련된 모든 사람에게 우리 제품을 사용하기 위한 방법들, 예를 들어 환자들에게는 어떻게 설명하는지, 허가 등록된 내용과 제품의 규격, 홍보자료, 보험가격 등은 어떠한지를 알려야 한다.

특히 다른 고객은 어떻게 사용하고 있는지를 'TIP'으로 알려주자.

항상 지속적인 교류가 있어야 한다. 거래처와 만나다 보면 약속 사항이 생긴다. 약속을 만들면 가야 할 이유가 생기고 그다음 미팅도 잡히는데, 즉 내가 그쪽에 갚을 것을 만들어 주는 것이다. 이것은 신뢰를 생성하고, 방과 후 숙제같이 다음 만남을 기대하게 하는 역할도 한다.

약속을 하고 약속을 이행해야 신뢰를 높일 수 있다. 누군가 스쳐 지나듯 한 말을 기억하고 실행하면 감동적일 것이다. 그저 사소하게 말한 무언가를 어느 날 생각지도 못하게 챙겨 주면 기쁨이 두 배가 되는 것처럼 말이다.

'미루는 것이 습관'인 것처럼 항상 나중에 해드릴게요, 하고 말하면 안 된다. 일단 기한을 알려줘야 한다. 그래야 고객도 기다리지 않는다. '이번 주 금요일까지는 답변 드리겠습니다. 만약 늦어지게 되면 다시 하루 전날 말씀 드리겠습니다.' 이렇게 말해야 한다.

면세점에서 시계 하나를 산 기억이 있다. 꽤 좋은 시계여서 근 1년을 기다려서 샀다. 그때 환율이 생각보다 비싼 1,140원 정도였는데, 그 당시 잡힌 비행기표의 일정이 2달 후여서 좀 더 기다릴지 그냥 당장 살지 고민하고 있었다. 그때 마지막 결제까지의 후처리 과정을 리드했던 사람이 알고 보니 점장이었고, 그 사람은 7년간 그 자리를 맡고 있는 사람이었다.

그는 내 고민을 알고 1,140원의 환율을 노트에 적어 두고 환율이 내려갈 때마다 연락을 해왔다. 2달 후 출국할 때까지 우리는 총 3번의 얘기를 나눴고 그는 그때마다 시계 결제 금액을 환율에 따라 취소하고 다시 결제하기를 반복하게 해주었다.

'아. 제품만 명품이 아니고 사람이 명품이구나!' 또, '무슨 제품을 팔려면 이 정도는 해야 하는구나' 하는 생각이 들었다. 이 예를 통해 알 수 있는 것은 클레임이 생긴다면, 그것을 오히려 지속된 관계의 기회로 잡고 관심을 투입하여 역전의 기회로 삼을 수 있다는 것이다.

  클레임은 오히려 관계를 개선하는 기회가 되고, 빠른 대처는 신뢰를 얻는다.

의료 기관을 대상으로 한 MR의 올바른 태도

 병원을 상대로 하는 영업은 보험 영업, 자동차 영업같이 한 번 계약을 끝으로 만날 일이 조금씩 사라지는 다른 영업과 다르다. 지속적인 방문과 관계 형성이 필요하고 신제품을 설명하는 시간도 많이 필요하다.
 특히 의료의 특성상 정보의 한계와 더불어 의료인들이 한번 안전하고 효과가 좋다고 생각하면 제품을 변경하는 경우 없이 사용하기 때문에 지속적인 영업이 가능하다고 할 수 있다.

 우리가 언제 어떻게 물건을 구매할까? 대부분 우린 어떤 물건을 사기 전에 시장 조사를 한다.
 낯선 브랜드의 신제품을 구매하긴 쉽지 않다. 눈에 익은, 그래도 들어 본 브랜드의 제품을 산다. 휴대폰 신기종을 산다면 아이폰, 갤럭시 시리즈 등이다. 기존 삼성과 아이폰의 브랜드를 알기 때문이다. 본인이 들어본 경험이 있는 제품과 한 번도 듣지도 보지도 못한 제품을 비교하면, 들어보지 못한 제품은 유명하거나 좋은 제품이 아니라고 생각한다. 즉 우리가 제품을 의사[고객]에게 소개할 때는 일단 이 부분이 해결되어야 한다. 학회나 세미나, 심포지엄 등을 충분히 열고 홍보를 하여야 한다.

이렇게 마케팅에서는 브랜드의 인지도를 넓히면서, 영업에서는 본인이 판매하는 제품을 사용해야 하는 정확한 명분을 꾸준히 제공하는 것이 필요하다.

제품은 각자 만들어진 이유가 반드시 있다. 즉, 어떤 소비자[고객]의 니즈에 의해서 제품이 개발되고 허가되고 판매되는 것이다. 제품이 스스로 어떤 이유도 없는데 만들어질 수는 없다. 즉, 이 제품이 탄생하게 된 정체성[Identity]이 있는 것이다. 아무리 제품이 Me too제품이고, 제네릭이라도, 다른 특징이 있을 것이고, 왜 만들어졌는지 이유가 있을 것이다.

고객의 니즈[Needs]가 있어서 탄생한 것이니 영업 사원은 이 니즈에 맞는 사람을 찾아 연결시켜 주는 일을 해야 한다.

고객은 가격을 낮췄다는 이유만으로 구매하지 않는다. 제품의 가치를 사는 것이다. 병원이 제품을 구입한 이후에 어떠한 부가 가치를 얻을 수 있는지 함께 고민해 줘야 한다. 대부분 90% 이상의 영업사원은 제품을 팔 것에만 관심을 두지, 그 제품이 어떻게 병원에서, 실제 사용처에서 이용되는지는 관심이 적다.

그러나 한 번 판매하고 끝나는 게 아니라 재구매의 구매 요청을 받기 위해서는, 당연히 재고의 소진을 확인해야 하고, 제품의 판촉에 관심을 기울여야 한다. 재구매율이 영업에서 차지하는 비율은 상당히 크다.

보통의 MR은 거래처마다의 매출추이[3개월]를 정확히 인지하지 못하고 있다. 만약 어떤 제품 100개를 팔았는데, 막상 첫 달에 환자에게 10개만 썼다면 당연히 영업사원은 재고 확인을 통해 제품이 '오버해서 들어갔구나' 하고 생각하게 되고, 어떻게 하면 이를 빨리 소진할 수 있을까를 생각하게 된다. 즉 병의원에 사입된 제품 수와 더불어 실제로 병원에서 사용되는 숫자를 확인하는 것은 필수인 것이다.

병원도 제품을 재고로 가지고 있으면 부담이 되기 때문에 재고 관련 개념을 가지고 있는 영업 사원을 당연히 고맙게 생각한다. 즉, 재고 확인은 영업에서 가장 중요한 단계인 것이다. 주문 전화가 오기 전에 미리 거래처 상황을 파악하고 있어야 한다.

　말일이 되어서야 마감 수치를 아는 게 아니라, 매월, 매분기 시작할 때 이미 거래처 상황을 그릴 수 있는 것! 발주 시기를 미리 계산하지 않고 어떻게 다음 주문을 받을 수 있겠는가? 혹은 선제적 대응을 할 수 있겠는가? 사실 재주문으로 이어지지 않는다면 아직 영업이 끝난 것이 아니다. 차를 판매하는 영업 사원의 의무는 그 사람이 다시 나를 다른 사람에게 소개시켜 주거나 차를 중고차로 바꾸거나 새 차를 구매할 때까지 관계를 지속하는 것이 아니겠는가?

　판매한 제품이 환자에게 쓰이고 부작용이 없이 반복적으로 사용되는 것이 우리 영업이 챙겨야 하는 마무리이다. 직원들이 신규 거래를 확보하거나 새로운 매출 거래처를 얻는 것도 당연히 칭찬해 주어야 한다. 그러나 기존 거래처의 매출 증가, 기존 거래처의 만족도 증가, 재주문 거래처의 확대를 놓치면, 매번 성을 다시 쌓는 것처럼 수고스러움이 반복될 수 있으니 철저히 관리해야 한다.

주요 10가지 질문

사장이 직접 알려주는 영업 마케팅

Self Test

1 14P

일찍이 공자는 이렇게 말했다.

일생의 계획은 (   )에 달려 있고,

일 년의 계획은 (   )에 있고,

하루의 계획은 (   ) 에 달려 있다.

젊어서 (   ) 않으면 늙어서 아는 것이 없고,

봄에 밭을 갈지 않으면 가을에 바랄 것이 없으며,

(   )에 일어나지 않으면 아무 한 일이 없게 된다

---

2 17P

일을 시작하기 전에

1. 이 일의 (   )가 무엇인가?

2. (   ) 이 일을 시작해야 하는가?

3. 이 일을 잘하기 위해 갖추어야 할 (   )과 (   )은 무엇인가?

4. 이 일을 가장 잘하고 있는 주변 사람은 누구인가?

5. 이 일을 하면서 추가적으로 봐야 하는 (   )와 업무가 있는가?

6. (   )는 어떻게 평가 받고 진행해야 하는가?

좋은 작업 습관

1. 지금 당장 해야 하는 일과 관계없는 모든 (   )를 책상에서 치워라.
2. (   ) 순서대로 일하라.
3. 문제가 생겼을 때, 결정을 내리는 데 필요한 사실을 알고 있다면 그 자리에서 (   )를 해결하라. 결정을 미루지 말라.
4. 조직하고, (   )하고, 관리하는 법을 익혀라

결국 (   ) 부족이 야근을 야기한다. 업무에서 중복되고 반복되는 것은 (   )으로 해결해야지 이런 업무 혁신 없이 반복되고 고단한 일로 야근이 있으면 안 된다

5 50P

(　　　)은 팀원이 과업을 수행하기 위해 업무 관련 (　　　　)
를 빠짐없이 준비하여 이를 이해 및 공감시키고,
또 그것을 통해 (　　　　)를 내도록 도와줘야 한다.

---

6 80P

첫 번째, 맘속으로 (　　　　)를 정하고,
두 번째, (　　　　)를 종이에 적고,
세 번째, (　　　　)에 다가가는 (　　　　　)을 세우고
이제 네 번째로 (　　　)로 항해하며 실행한다.

7 110P

일단 상사, 리더십을 가진 팀장이 가져야 할 두 가지 자세는 첫째가 (　　　　), 둘째가 (　　　　　)다.

---

8 114P

사장과 임원진들은 항상 신입 직원이나 똑똑한 직원들과의 시간을 좋아한다. 그렇다면 우리는 어떻게 이런 힘들고 어려운 시간을 준비해야 하는가? 불안하다면, 일단 아래 4가지를 기억하자.

1. 내가 지금 하고 있는 (　　)이 무엇이며, 그(　　)의 (　　)가 무엇인가?
2. 하고자 하는 일이 잘 되는가 안 되는가?
3. 잘되는 이유와 안 되는 (　　　　)가 무엇인가?
4. 회사가 해당 (　　)를 달성하기 위해 도와줄 일이 무엇인가?

9 179P

제품을 판매하는 입장에서는 제일 중요한 것이 제품의 (   )
과 (   )이다.

---

10 185P

핵심은, 고객은 왜 내 제품을 구매 및 사용해야 하는가?이다. 즉
아래 5가지 사항에 대해 명쾌한 답을 가지고 고객을 만나야 한다.

- 경쟁 제품과의 (   ), 우월한 점은 어떤 것인가?
- 사용 이후에 결과는 어떤가(다른 제품, 경쟁제품 대비)?
- 부작용이나 사용 후에 주의해야 할 사항은 무엇인가?
- 경쟁사 대비 (   )과 (   )은 무엇인가?
- 내 제품을 거래처(병의원)에서 환자들에게 (   )
  무엇인가?

• **에필로그** •

　누구나 가지는 첫사랑의 경험처럼, 나에게도 신입 사원의 혼돈스럽고 어설픈 시기가 있었다. 솔직히 돌아보면 그때 내가 무엇을 했는지도 생각이 잘 나지 않는다. 즉, 성과보다는 그저 마냥 열심히만 했던 것 같다. 수많은 시행착오와 주변 사람들과의 의견 차이들로 사회라는 벽을 실감하는 시기였다.

　이런 어려움이 있을 때, 때론 쉬울 수도 있는 일이 적합한 주변사람의 부재로 인해 어렵게 느껴졌던 일도 참으로 많았다. 사실, 신입 사원을 가르치는 팀장과 선배들조차 본인들도 제대로 티칭을 교육받은 적이 적기 때문에 어떤 기준으로 신입 직원들을 육성시켜야 할지, 고민을 어떻게 들고 함께 해결해야 하는지 잘 모르기도 한다. 그들이 제대로 모르기 때문에 직원들과 더 마찰이 있을 수도 있다.

과연 회사의 핵심 가치, 철학, 조직 관리를 인지하고 진두지휘를 하면서 신입 사원을 육성할 수 있는 사람이 몇이나 될까?

특히 첫 부임된 팀장의 경우엔 오히려 신입사원들이 짐이 되기도 한다.

사원, 주임급들과 일하다 보면, 매번 교육만 시키는 것 같지 성과는 아무리 기다려도 올 것 같지 않고, 막상 나온 결과물도 바로 쓰기는 적절치 않은 것이 대부분이다. 그러나 그런 이유로 방관되거나 제대로 트레이닝 받지 못한 입사 초기의 영업 사원, 신입 직원들은 그들 입장엔 당장엔 일이 편하고 좀 놀아도 월급이 나오니 좋은 것 같다고 여길지 몰라도 천만에 만만에 말씀이다. 이때 배운 것이 평생의 밑거름이 되는 것이다.

입사 후 3년 미만의 경우에는 태도, 열정, 학습, 이 3가지 단어가 항상 따라다녀야 하지 않을까?

첫째, 태도는 항상 긍정적이고 도전적이어야 한다.

이렇게 몸 건강하게 일할 수 있다는 것만으로도 고맙습니다! 라는 마음을 가지고, 긍정적으로, 모든 것을 할 수 있고 모든 것이 될 수 있다고 믿으며 일을 해야 한다. 행복해서 웃는 게 아니라 웃어서 행복하다고 하지 않는가? 그렇게 믿고 일을 하면 실제로 결과가 그렇게 된다.

둘째로 열정이다.

젊다는 것은 나이로 표현되는 것이 아니라 호기심과 열정으로 표현되는 것이다. 어린아이들은 뭐든 궁금해하고 열중한다. 호기심과 열정은 젊은 사람들이 갖는 특권 같은 것이다. 어린아이가 그냥 무뚝뚝하게 앉아 있으면 어떤가? 그게 좋아 보이는가?

신입 사원에게 요구하는 부분은 어떤 일을 부여 받으면 신나게 하는 것이다. 어렸을 때 소풍 가기 전날 마음이 들떠 있는 것처럼 말이다. 그리고 주어진 일에 미쳐 보는 것이다. 신입 사원들은 미친 듯이 일에 매진해야 한다. 그리고 보통의 일조차도 열정을 더해 재미있는 게임으로 만들어 버려야 한다. 즉 게임을 하듯이 열정을 쏟아 부어야 한다.

출근하는 본인의 눈동자가 빛이 나도록 스스로를 만들어

야 한다. 그만두고 싶은 일도 6개월은 하고 그만둬야 나중에 후회가 없다.

셋째로 학습하려는 의지이다. 원하는 일은 부여되지 않고 자투리 같은 업무만 부여될 수도 있다. 당연히 3년 내외 미만자에게 업무의 중책이나 큰 거래선을 주기는 쉽지 않다. 당연한 것이다. 본인을 돋보이게 하려면 이때 받은 중요하지 않은 일처럼 보이는 것을 오히려 중요한 일, 소중한 일로 만들어 내야 한다. 특히 이런 일은 대부분 하찮은 업무라 생각해서인지 조그마한 노력에도 결과가 달라질 때가 많다.

사회생활과 직장 생활이 때론 진짜 공부다. 어려운 것은 선배에게 묻고, 선배들이 만든 회사의 기획서, 마케팅 자료를 모두 훑어보고, 때론 그대로 따라 하고, 새로운 대안이 있는지 서점으로 달려가서 참고서도 찾아보고, 그리고 관련된 학회나 세미나도 수시로 참석해 귀를 열어야 한다.
집중하면 답은 나온다.
주말에는 더욱 심도 있는 공부를 위해 코트라나 KITA, 중소기업청 등에서 진행하는 교육^{무역 교육, 비즈니스 영어, 관세 업무}

등을 계속 들어보자.

신입 사원 때 시간이 많지 팀장이 되고 위로 올라갈수록 시간 내기가 여간 어렵지 않다.

직장 생활 초기 3년간 배우고 익힌 것이 평생 간다. 회사는 돈을 벌면서 배울 수 있는 공간이다. 직장을 돈만 버는 곳이라 하면 힘든 곳이 될 것이고, 공부하는 곳인데 돈도 주는 곳이라고 생각하면 놀이터, 학교가 될 것이다.

팻 메시티[11]는 『부자선언』에서 다음과 같이 말했다.

지금 가진 것에 절대 만족하지 마라. 다만 운동선수가 최고 기록을 세우기 위해 노력하듯 성장하고, 발전하고, 한 단계 높은 수준에 오르기를 소망해야 한다는 뜻이다.

마크 트웨인은 이에 관해 "나는 교실 수업 때문에 내 인생 교육을 망칠 수 없다"는 명언을 남겼다. 다시 한번 강조하건대, 당신을 부와 풍요로 이끄는 것은 대학이나 그 외 갖가지 제도권 교육이 아니라, 바로 백만장자 사고방식임

---
[11] 빈민가에서 태어나 자수성가한 호주의 기업가. 동기부여 강사로도 활동하고 있다.

을 명심하라.

더 큰 것을 받으려면 당신의 그릇이 커야 한다.

당신이 받을 수 있는 양은 당신의 크기에 달려 있다. 항아리는 그것의 크기만큼 담을 수 있다. 성장과 자신이 성장하는 방향에 대한 이해, 그것이 모든 자신감과 장점의 원천이다.

이 책이 실질적으로 회사를 다니면서 닥치게 되는 고민을 상담해주는 멘토로서의 역할을 했으면 한다. 어린 직원들이 조금이나마 방향을 올바르게 디디고 앞으로 나갔으면 하는 바람이 묻은 책이다.

한 번 읽고 또 한 번 더 읽으면 아마 일하는 순간에 고민과 고뇌가 닥쳐올 때 실질적으로 도움이 될 것이라는 작은 소망을 해본다.

마지막으로, 이 책을 기획하고 출판하기까지 지지해주고, 평소, 업무로 인한 셀 수 없는 출장과 주말 학회 참석 등을 이해해준 사랑하는 아내, 우리 가족들 그리고 주변모두에게 감사한 마음을 전한다.

• 출간후기 •

치열한 경쟁 사회에서
성공하는 직장 습관의 팁을 얻어
행복 에너지가 팡팡팡
샘솟아 오르기를 기원합니다!

| 권선복
도서출판 행복에너지 대표이사, 한국정책학회 운영이사

 성공하는 방법은 속도가 아니라 방향에 있다는 말이 있습니다. 현대인들이 사회생활을 하면서 가지는 걱정거리를 조금이나마 덜기 위해 생겨난 말일 것입니다. 그러나 이런 말을 들어도 '그렇다면 과연 방향은 어떻게 잡아야 하는가?'라는 의문이 생길 수 있습니다. 도대체 성공하는 사람들의 비밀은 무엇이며, 나는 그 비밀을 따라 할 수는 있는 것일까요?

이 책은 저자가 직접 직장 생활을 겪으며 '성공하는 습관'을 정리해 낸 참고서입니다. 사회 초년생부터, 팀장의 자리, 더 나아가 사장의 자리에 이르기까지 저자가 직접 경험한 내용을 바탕으로 에센스만 모아 놓은 '족집게 과외'라고 볼 수 있습니다. 기본적으로 염두에 두고 있어야 할 사항을 포함하여, 특별히 '의료 기기' 영업을 했던 경험에 비추어 관련 분야의 종사자들에게는 더욱 좋은 팁이 될 수 있는 내용이 담겨 있습니다.

업무 전략부터 대인 관계 전략, 마케팅과 영업 전략에 이르기까지 저자가 열정을 가지고 서술한 꼼꼼한 내용을 읽다 보면, 어느새 나의 방향은 어떻게 잡아야 할지 대략적인 청사진이 머릿속에 그려지는 것을 느낄 수 있을 것입니다. 무엇보다 성공의 비밀은 철저한 자기 관리이자 업무에 대한 진지함임을 깨닫게 될 것입니다.

바쁜 현대 사회 속에서, 이 책이 방향을 잡아주고 도움을 주는 나침반 같은 성공 습관 길라잡이가 되기를 바랍니다. 어려운 직장 생활의 좋은 멘토가 되어 힘을 얻게 하고, 든든한 아군과 같은 친우가 되기를 바랍니다. 그래서 용기를 잃지 않고 자신감과 노력으로 무장하여 한 걸음 한 걸음 길을 헤치고 나아갈 수 있는 활력제가 되기를 바랍니다.

무엇보다 막막함이라는 스트레스를 떨쳐내고, 여러분의 머릿속에 시원하고 명쾌한 행복 에너지가 팡팡팡 샘솟아 오르게 되기를 기원합니다!

'행복에너지'의 해피 대한민국 프로젝트!
〈모교 책 보내기 운동〉

대한민국의 뿌리, 대한민국의 미래 **청소년·청년**들에게 **책**을 보내주세요.

많은 학교의 도서관이 가난해지고 있습니다. 그만큼 많은 학생들의 마음 또한 가난해지고 있습니다. 학교 도서관에는 색이 바래고 찢어진 책들이 나뒹굽니다. 더럽고 먼지만 앉은 책을 과연 누가 읽고 싶어 할까요? 게임과 스마트폰에 중독된 초·중고생들. 입시의 문턱 앞에서 문제집에만 매달리는 고등학생들. 험난한 취업 준비에 책 읽을 시간조차 없는 대학생들. 아무런 꿈도 없이 정해진 길을 따라서만 가는 젊은이들이 과연 대한민국을 이끌 수 있을까요?

한 권의 책은 한 사람의 인생을 바꾸는 힘을 가지고 있습니다. 한 사람의 인생이 바뀌면 한 나라의 국운이 바뀝니다. **저희 행복에너지에서는 베스트셀러와 각종 기관에서 우수도서로 선정된 도서를 중심으로 〈모교 책 보내기 운동〉을 펼치고 있습니다.** 대한민국의 미래, 젊은이들에게 좋은 책을 보내주십시오. 독자 여러분의 자랑스러운 모교에 보내진 한 권의 책은 더 크게 성장할 대한민국의 발판이 될 것입니다.

도서출판 행복에너지를 성원해주시는 독자 여러분의 많은 관심과 참여 부탁드리겠습니다.

도서출판 **행복에너지** 임직원 일동